京都文教大学地域協働研究シリーズ ①

京都・宇治発
地域協働の総合的な学習

「宇治学」副読本による教育実践

橋本祥夫 編著

ミネルヴァ書房

巻　頭　言

　浄土宗の宗門関係学校である本学は，大乗仏教の菩薩の精神「四弘誓願」を建学の理念としているが，これを易しく言い換えれば，「ともいき（共生）」と表現できる。「ともに生かしあう／ともに生き活きする」という意味である。昨今，大学の使命は，教育・研究・社会貢献といわれているが，この三つを建学の理念「ともいき」で考えると，本学の進むべき方向性は自ずと定まってくる。

　教育と研究，研究と社会貢献，そして社会貢献と教育のともいき，さらには教育・研究・社会貢献の三者のともいきが考えられるが，それを実現したのがCOC（Center of Community）の取り組みであった。これは文部科学省の「地（知）の拠点整備事業」（大学COC事業）のことで，地域の拠点となる，特色ある事業を展開する大学に補助金を出す制度だが，本学は10倍近い難関を突破し，2014年度に採択された。

　私が副学長をしていた2013年，建学の理念を具現化するためにこの補助金を活用しようと考えて申請に踏み切ったが，その年は残念ながら不採択。しかし翌年，学長就任を機に再チャレンジして見事に成功し，以来5年間，皆で力を合わせ，必死で駆け抜けてきた。

　本学は開学以来，「現場主義教育」を重視してきた。学びの特色は，フィールドワークや参与観察など，「現場での学び」と「大学での学び」を往還しながら知を深めていくところにあったので，COC事業の展開は必然だったとも言える。このCOC事業採択を機に，様々な「ともいき」を加速させ，その精神を具現化してきたが，今回それを「研究成果」としてシリーズで発刊できることは，学長として望外の喜びだ。脇目も振らずがむしゃらに走ってきた5年間，研究成果の発刊は私にとって抽象的な夢でしかなかったが，それが今，夢ではなく現実になった。

　本事業に関わってくださった教職員，学生，そして地域の人々に，ただただ感謝するばかりである。京都府南部という限られた場所ではあるが，ここに大学と地域，産・官・学・民の「ともいき」の輪が実現した。願わくば，この輪がさらに広がり，またこの研究成果が他の地域において「ともいき」の輪を発生させる参考になれば幸甚である。

2019年7月

京都文教大学学長　平岡　聡

叢書刊行にあたって

　本シリーズは，2014（平成26）年度から開始された，文部科学省の補助事業である京都文教大学「地（知）の拠点」事業（COC 事業および COC ＋事業）並びに地域協働研究教育センターの研究支援によって実施された「協働研究＝地域志向ともいき研究」の成果を中心に構成されている。とくに，第1巻から4巻までは，大学を核とした地方創生をめざす「地（知）の拠点」事業の本学としての中核を成す，地域のニーズと大学のシーズをつなぐ5年間で，延べ81件の共同研究の成果に基づくものとなっている。

　「地域志向ともいき研究」は，本学の建学の理念である「共生＝ともいき」を地域で具現化する取り組みであり，その制度設計自体に様々な工夫と特徴がある。研究者，行政，企業，NPO，地域団体，住民などの多様な主体が研究班を構成し，地域に関わる研究に取り組むことで，地域課題の発見や把握，研究，課題解決を考案試行し，実践的に研究している。

　従来の大学での「地域に関する研究」は，各研究者の専門性や関心にもとづいて，地域を対象やフィールドとして展開されてきた。あるいは，自治体や地域団体などの依頼により，地域課題の解決のために，専門性や学術性を持つ学識者として関与するといった形式が一般的であった。しかし「地域志向ともいき研究」では，従来の「連携」や「協力」という枠を超えて，異なる立場の人々が，協働し互いの立場を融合し，地域課題の解決にむけて研究に取り組んでいる。

　毎年度当初に公募される共同研究は，地域連携委員やセンター所員により，その研究目的の適切性や研究の意義，メンバー構成，研究計画，予算，研究成果の還元方法などについて細かく審査される。その上で，採択された研究は，学生に対する「教育」への接続や還元を意識すると共に，一般の方々にも公開講座やリカレント講座などを通じて，成果が積極的に還元されることを目指し

ている。

　年度末には，全研究の研究成果報告会を実施し，専門家による講評の他に，市民との意見交換の場も設けている。これらの報告会を通じて提案された提言のいくつかは，すでに具体的な政策や事業に展開している。また同時に開催する「まちづくりミーティング」は，地域課題の把握の機会として機能するだけでなく，研究テーマの発見にも重要な役割を担ってきた。今回のシリーズは，本学における「地域志向ともいき研究」の知見を，広く他地域にも活用して頂くため，地域課題のテーマに関わる一般理論と他地域での参考となるであろう事例の考察の両方を組み込んだ構成にしている。

　立場や世代など様々な違いを持つ人々が，互いの意見に耳を傾け，認め合い，助け合い，知恵を寄せ合う。そのためのハブ＝結節点として，大学は機能していきたい。本シリーズの成果が，地域での活動に携わる方々の少しでも参考になることを願っている。

　　　　　　　（本書は2019年度京都文教大学研究成果刊行助成金を受けて出版された）
　2019年夏

　　　　　　　京都文教大学副学長・地域協働研究教育センター長　森　正美

は じ め に

　京都府宇治市では，小中学校の「総合的な学習の時間」（以下，総合的な学習）を「宇治学」と称し，地域素材や地域活動をテーマに学習する時間としています。そこでは，「宇治学」を小中一貫教育の中心と位置づけ，宇治市の小中学校で共通教材とする「宇治学」の副読本を作成しています。このように共通教材として副読本を作成し実施している公立学校の例は全国的にも珍しいことです。

　本書では，子ども一人ひとりが地域社会の一員としての自覚を持ち，主体的，協働的，実践的態度を養うことが可能な「地域協働型学習モデル」を提示します。

　内容の特色としては，以下の4点を挙げることができます。

①　小中一貫教育における系統的な指導方法や学習内容

②　学習指導要領の改訂を踏まえた総合的な学習の指導方法や学習内容

③　地域と連携した地域協働型学習モデル

④　「社会に開かれた教育課程」を見据えた学校と地域，家庭との連携による地域社会の活性化の方法

　豊富な事例から地域協働型の学習モデルを紹介し，教育委員会をはじめ全国の自治体向けにも，地域発の学習モデルとなる一冊です。読者には，総合的な学習や地域学習，小中一貫教育に関心がある教員・教育関係者，市民活動など地域における活動に関心を持っている人を想定しています。

　とりわけ，多くの宇治市民に読んでいただき，宇治についての関心を深めてもらいたいと考えています。そのことによって，「宇治学」は今後さらに充実・発展し，地域の活性化につながることを期待しています。

　本書では，「宇治学」のテーマに関係のある地域の方々，「宇治学」副読本の作成に関わった宇治市教育委員会の担当指導主事や「宇治学」を実践した小学

校，中学校の先生などのコラムを17本掲載しました。地域協働型学習である
「宇治学」は，多くの地域の方々の理解と協力なしにはできません。コラムを
通して，「宇治学」の取組のなかには，様々な立場の方の思いや願いが込めら
れていること，また，立場によって，様々な期待もあることが伝わってきます。
副読本を活用した地域協働型学習としての総合的な学習は，初めての取組です。
先行事例のないなかで，手探りの状態で始めました。これから地域協働型学習
に取り組もうとする学校，教育関係者の参考になれば幸いです。

　本書の作成に当たり，コラムの執筆を快く引き受けていただいた関係各位に，
この場をお借りして心よりお礼申し上げます。

　最後になりましたが，出版事情の厳しい折，出版にご尽力いただいたミネル
ヴァ書房営業部長の神谷透様，出版に向けて構成や内容についての助言をして
いただいた営業企画推進の柿山真紀様に心より感謝申し上げます。

　2019年9月

編著者　橋本　祥夫

京都・宇治発 地域協働の総合的な学習
——「宇治学」副読本による教育実践——

目　次

序　章
新たな地域協働型学習モデルを目指して

「宇治学」では，地域素材や地域活動をもとに学習をしている。しかし，指導では，教科書がない領域であり，指導者も試行錯誤して，探究学習が十分にできていないことが大きな課題となってきた。京都文教大学の教員で組織した宇治学研究会（代表・橋本祥夫，筆者）は，2014（平成26）年度から，京都文教大学地域協働研究教育センターの「地域志向協働研究」として宇治市教育委員会と共同研究を行ってきた。そこでは「はじめに」でも述べたとおり，「宇治学」を小中一貫教育の中心と位置づけ，宇治市内のすべての小中学校で使用する「宇治学」副読本を作成するとともに，指導計画，教師用指導資料集，ワークシートを作成し，その活用方法を検討した。

本書は，本研究のこれまでの成果をまとめたものである。

本研究の目的は，副読本作成に留まらず，授業実践の評価・改善を図ることにある。従来の地域学習では，副読本を作成はしてもその見直しや授業改善までは行われてこなかった。本研究では，地域社会の一員としての自覚を持ち，主体的，協働的，実践的態度を養うことが可能な「地域協働型学習モデル」を提示する。

本研究の背景として，以下の3点を挙げることができる。

① 小中一貫教育における系統的な指導方法や内容が求められている

② 総合的な学習の指導内容の学校間格差が大きい

③ アクティブ・ラーニングを取り入れ，学び方を重視した地域協働型学習が求められている

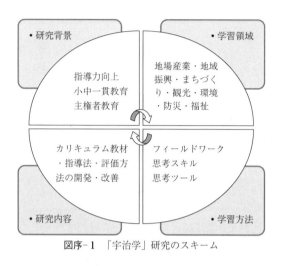

図序-1 「宇治学」研究のスキーム

①については，2016（平成28）年度から小中一貫教育を実施する「義務教育学校」が創設された。宇治市においても，2012（平成24）年４月からすべての市立小中学校で小中一貫教育を全面実施し，取組を進めている。各学年の発達段階，系統性を意識して作成する「宇治学」の指導計画は，小中一貫教育の重要なツールとなる。

②については，総合的な学習は，各学校において，定める目標および内容を設定し，創意工夫しつつ実践していくことが求められている。しかし一方では，総合的な学習の目標に示されている探究学習の事例が少なく，指導計画の作成や実施が各学校・教員にとって相当な負担となっている実態がある。本研究では，各学校の特色を生かした総合的な学習を維持しながら，教員の指導力の向上を目指し，学習効果の高い総合的な学習を実施するために副読本の作成と指導法の開発を行った。

③については，千葉県の「ちば・ふるさとの学び」，川崎市の「かわさき」，久留米市の「久留米」，青森県東通村の東通学「東通科」資料集など，自治体において，総合的な学習で活用する地域学習の資料集としての副読本を作成しているケースはある。しかし，作成しただけに留まり，その使用状況は学校に

2

委ねられており，見直しや改善も行われていないという状況がある。本研究では，地域と連携した地域協働型の学習モデルを示すとともに，評価・改善まで行う。

　本研究では，教育理論と教育実践の往還を大切にしている。これまでの研究で，「宇治学」の意義，付けたい力（目標，評価），学習過程，カリキュラムの全体構造について検討してきた。小学校第3学年から中学校第3学年（第9学年）までの各学年の地域協働型学習を構想し，宇治市内の各小中学校で授業実践をしている。「課題設定」，「情報収集」，「整理・分析」，「まとめ・表現」の各学習課程において，アクティブ・ラーニングを行うために思考ツールを活用した授業モデルとワークシートを開発した。

　「宇治学」副読本は，第1期の第3学年版と第6学年版が2017（平成29）年度，第2期の第4学年版と第7学年版が2018（平成30）年度から使用が開始され，第3期の第5学年版，第8学年版，第9学年版が2019（平成31）年度から使用が開始されることにより，第3学年から第9学年までの副読本がすべて完成した。このことにより，宇治市内の小中学校で，3年生から9年生までが副読本を使用した「宇治学」の学習ができるようになった。

　「宇治学」の目標は，学習指導要領に示された総合的な学習の目標や内容の確実な定着，小中学校を通した系統的な指導の充実を図ることを目的に，次のように設定している。

　探究的な見方・考え方を働かせ，地域社会の一員としての自覚を持って，「ふるさと宇治」をよく知り，諸課題に目を向け，主体的，創造的，協働的に取り組むことで，よりよく課題を解決し，自己の生き方を考えていくための資質や能力を育成することを目指す。

　また，「宇治学」副読本の編集方針を次のようにし，作業を進めてきた。

- 「ふるさと宇治」の状況や特徴，良さや課題について知り，より良い宇治の姿や将来の自分，自らの生き方について主体的に考え行動する児童生徒を育成する。
- 問題の解決や探究的な学習を通して，主体的，創造的，協働的に学習に取り組む児童生徒を育成する。
- 児童生徒一人一人の主体的な追究を支援し，自ら考え，表現する力を育てる。
- 探究的な学習の学習過程（「課題設定」「情報収集」「整理・分析」「まとめ・表現」）のそれぞれの段階で，児童生徒が見通しをもって主体的に学習できるような構成とする。

本書は，以下のような構成となっている。

第1章では，地域の特性を生かした地域協働型学習とはどういう学習なのか，なぜ，地域協働型学習が必要なのかを解説する。そのために，少子高齢化に伴い，地域活性化が急務になるなか，学校教育に求められていることは何かということを，近年の教育改革の動向に基づいて解説する。地域協働型学習は，今後どの地域でも必ず必要となってくる。本書では，宇治で行われている「宇治学」をモデルとして，地域協働型学習を全国に向けて発信する。

第2章では，総合的な学習の現状と課題を明らかにし，総合的な学習でどのような学習内容が求められているのかを解説する。学習指導要領では，探究学習のいっそうの充実が求められている。道徳や英語の教科化，ICTやプログラミング学習の実施など，新たな取組が始まるなかで，総合的な学習をどのように実施すればいいのか悩んでいる先生方も多数いると思う。本書は，そのヒントを提供していく。

第3章では，「宇治学」の意義を，小学校，中学校の実態や総合的な学習の学習内容に基づいて解説する。第2章で述べた総合的な学習の課題を小学校，中学校の実態に応じてさらに詳しく解説し，「宇治学」がその課題にどのように対応できるのかを示す。総合的な学習をどのように実施すればいいのか悩ん

でいる学校，教育関係者に，それぞれの地域で行う総合的な学習のヒントになれば幸いである。

　また，地域連携という視点から，「宇治学」の意義を示す。それは必ずしも，これまでの学校教育の枠組にはなかったことかもしれない。地域協働型学習は学校だけで実施できるものではない。地域協働型学習の場は地域であり，地域の市民も地域協働型学習の当事者である。地域の市民と協働で行う地域協働型学習は，そうした要素を組み入れていくことが求められる。本書を参考に，各地域で地域協働型学習が活発に行われていくことを期待している。

　第4章では，「宇治学」で重視している「学び方」を解説する。「○○学」という言葉のイメージから，「宇治学」は地域についての知識，理解を習得する学習と誤解されがちである。変化の激しいこれからの社会において，知識を固定したものと捉えることはできない。地域も時代とともに変化していくものであり，その地域の住民の思いや願いによっても変化していく。また，子どもたちもその地域の住民の一人として，地域の将来について考えていくこと，考え続けることが大切である。そうしたことから，地域を固定的に捉えることはむしろ避けなくてはならない。一見変化することがないと思われがちな地域の歴史や文化も，時代によってその意味が変わってくる。宇治市の場合，平等院鳳凰堂と宇治上神社の2つの世界文化遺産があり，宇治の重要な観光資源となっている。こうした歴史的な遺産が，地域にどのような影響を与えていくのか，それらの地域資源をどのように活用していくのかは，その時々で変化していく。また，宇治の特産品である宇治茶も，それをアレンジした商品が生まれ，新たな価値を創造している。つまり，過去の歴史や過去から続く伝統・文化も，それを固定的に捉えるのではなく，現在に続くものとして意味付け，その意味付けも更新し続けていくことが必要である。であるから，「宇治学」では，決して地域についての知識・理解の習得で終わる学習にはしない。地域について考えるための「学び方」を学び，児童生徒が自ら地域について学び，考えられるようにしている。

　学習指導要領では，「何を学んだか」だけではなく，「どのように学んだか」

「何ができるようになったのか」が重視されている。本章では，「学び方」の
なかでとくに「宇治学」で重視している，「フィールドワーク」「思考ツール」
「見学・体験活動」の３つに絞って，その理論と方法を解説する。これらの
「学び方」は，総合的な学習としても重要な「学び方」なので，各校の授業実
践の参考にしてほしい。

　第５章は，「宇治学」ではどのような学習をするのか，第３学年（小学３年
生）から第９学年（中学３年生）までの単元構想の概要を解説する。この７学年
で扱うテーマは，実施する学年は変わっても，多くの学校で取り上げるテーマ
である。各テーマの学習をどのように行えばいいのかを考える参考にしていた
だければと思う。

　また，各節に，地域の方々によるコラムを付した。地域協働型学習は，地域
の方とともに創り上げていく学習である。市民の立場から書かれたコラムには，
学校教育とは違う視点もある。学校教員は，そうした市民からの要望や期待に
戸惑うこともあるかもしれない。しかし，先にも述べたとおり，地域協働型学
習は学校教員だけで創るものではない。一般の市民の意見を積極的に取り入れ，
地域住民に納得してもらえる学習にすることが大切である。また，それぞれの
テーマに関する専門的な意見は，学校教員では気付かない，あるいは見落とし
ていた視点も数多くある。各テーマの専門分野の方を「地域の先生」として積
極的に活用していくことが大切である。コラムには，各テーマの学習をするに
あたり，重要な視点が数多く示唆されているので，各テーマの学習をするにあ
たっての参考にしていただければ幸いである。

　第６章は，「宇治学」の実践事例として，宇治市内の小学校，中学校で行わ
れた実践を具体的に紹介する。

第1章
地域の特性を生かした地域協働型学習

---

1 これからの教育に求められる地域協働型学習

（1）なぜ学校と地域との連携・協働が必要なのか

今後，少子高齢化により社会は激しく変化し，人口減少，財政難等の課題も深刻化することが予想される。2040（令和22）年には少子化と人口流出により，若年女性人口が2013（平成25）年の約半分になる自治体（消滅可能性都市）が896になるという試算がある。そういう状況のなかで，自治体が生き残っていくためには，誰かが何とかしてくれるのではなく，自分たちが「当事者」として，自分たちの力で地域を創り上げていくことが必要となる。子どもたちが，自分たちの住む地域に愛着を持ち，将来の地域の担い手になるために，学校とともに地域で人材育成をしていかなければならない。

また，急激な少子高齢化やグローバル化の進展に伴う激しい社会環境の変化のなかで，地域においては，地域社会の支え合いの希薄化，教育力の低下，家庭の孤立化などの課題が指摘されている。学校においては，いじめや不登校，貧困などをはじめ，子どもを取り巻く問題が複雑化・困難化しており，「社会総がかり」で対応することが求められている。こうした状況のなか，地域と学校がパートナーとして連携・協働するための組織的・継続的な仕組が必要不可欠となってきている。

（2）社会に開かれた教育課程

2016（平成28）年中央教育審議会答申において，「社会に開かれた教育課程」

の実現を目指すことが示された。「社会に開かれた教育課程」として，以下の
3点が示されている。[(2)]

① 社会や世界の状況を幅広く視野に入れ，よりよい学校教育を通じてより
よい社会を創るという目標を持ち，教育課程を介してその目標を社会と共
有していくこと。

② これからの社会を創り出していく子供たちが，社会や世界に向き合い関
わり自らの人生を切り拓いていくために求められる資質・能力とは何かを，
教育課程において明確化し育んでいくこと。

③ 教育課程の実施に当たって，地域の人的・物的資源を活用したり，放課
後や土曜日等を活用した社会教育との連携を図ったりし，学校教育を学校
内に閉じずに，その目指すところを社会と共有・連携しながら実現させる
こと。

本答申を踏まえ，2017（平成29）年3月に，次期学習指導要領が策定され，
2020（令和2）年度から小学校および特別支援学校小学部より順次実施されてい
くことになった。また，「社会に開かれた教育課程」の理念のもと，これから
の時代に求められる資質・能力を子どもたち一人ひとりに確実に育んでいくた
めに，「主体的・対話的で深い学び」の実現やカリキュラム・マネジメントの
充実などの方向性が示されている。各学校は，家庭・地域とも目標を共有し，
多様な教育活動が目標の実現に対してどのような役割を果たせるのかという視
点を持つことが重要であるとされている。

「社会に開かれた教育課程」の実現に向けて，学校は地域との連携・協働を
いっそう進めていくことが必要となってきている。学校が地域と連携・協働す
る際には，学校と地域が子どもの成長に向けた目標を共有し，役割分担を進め
ながら，組織的な体制を構築していくことや学校内において学校と地域をつな
ぐ役割を担うコーディネート機能を充実していくことが大切である。

（3）次世代の学校創生──コミュニティ・スクール構想

　2015（平成27）年中央教育審議会答申において，今後の地域における学校との協働体制のあり方について，地域と学校が連携・協働して，地域全体で未来を担う子どもたちの成長を支え，地域を創生する「地域学校協働活動」を推進することが示された[3]。そのために新たな体制として，「地域学校協働本部」を全国に整備することや，コミュニティ・スクール（学校運営協議会制度）のいっそうの推進を図ることなどが提言されている。

　2017（平成29）年3月に社会教育法が改正され，地域学校協働活動を推進する教育委員会が地域住民等と学校との連携協力体制を整備することや，地域学校協働活動に関し，地域住民と学校と情報共有や助言等を行う「地域学校協働活動推進員」の委嘱に関する規定が整備された。

　また，2017（平成29）年4月には「地方教育行政の組織及び運営に関する法律」（以下，地教行法）が改正され，学校運営協議会の設置が教育委員会の努力義務になった[4]。これにより，これまでは学校運営協議会が設置される学校は，指定を受けた特定の学校に限られていたが，制度上，すべての学校に学校運営協議会が設置され，コミュニティ・スクールとなることになる。なお，「努力義務」という言葉には，内容が理念的，抽象的で義務付けがなじまない訓示的規定[5]と内容は具体的だが一律に義務付けるには時期尚早な激変緩和的規定[6]の2通りの意味がある。学校運営協議会は後者であり，「努力義務」だからといって，努力を何ら行わなかったり，現状を積極的に維持したりすることは，地教行法の規定の趣旨に反する。地教行法改正の附則には，施行後5年を目途として，学校運営協議会の活動の充実および設置の促進を図るため，所要の措置を講ずることが明記されている。

　この結果，2017（平成29）年4月1日段階で3600校だったコミュニティ・スクールは，2018（平成30）年4月1日段階で5432校となり，約1.5倍に増えた。学校設置者としては[7]，全体の3割にあたる532市区町村および18道府県の教育委員会（学校組合を含む）が導入しており，こちらも前年の367市区町村および11道県から約1.5倍に増加している。全国の学校のうち14.7％，全国の学校設

置者のうち30.5%がコミュニティ・スクールを導入している。数は増えているが，コミュニティ・スクールを導入している学校，地域はまだ少数派である。コミュニティ・スクールの導入に慎重な学校や学校設置者は多い。それはなぜだろうか。

　不安要素の１つ目に考えられるのは，学校運営協議会の権限である。学校運営協議会は，学校運営や教職員の任用に関して意見を述べることができる。学校運営や教職員の任用に関して意見を言われることが，学校運営に支障をきたすおそれがあるという意見がある。

　しかし，学校運営については，学校運営協議会が教育委員会や学校に対して意見を述べるときは，個人の意見がそのまま尊重されるのではなく，保護者や地域住民等の代表による合議体として意見を述べることになる。したがって，学校運営に大きな影響を及ぼす意見が出ることはあまり考えられない。また，学校運営協議会は，校長が作成する学校運営の基本方針に承認することが求められている。学校運営の基本方針の承認を求めることは，地域にある学校の「経営者」として，保護者や地域住民等と共に「社会総がかり」で子どもたちの教育（学校運営）を行うことを宣言することを意味する。したがって，学校運営協議会に承認されることにより，むしろ学校運営はしやすくなる。

　教職員の任用については，「地域の特性を生かした教育活動を充実させるための教職員配置」等，校長の学校経営ビジョンを後押しするものが多く，教職員人事に大きな混乱が生じることはほとんどない。教職員の任用に関する意見は，各学校の特色や実情等を踏まえつつ，どのような事項を学校運営協議会による意見申出の対象とするかについて，各教育委員会の判断に委ねることが適当と考えられる。そこで，2017（平成29）年の地教行法改正において，学校運営協議会の意見の対象となる事項の範囲については，各教育委員会規則で定めることとなった。各教育委員会は，この趣旨を踏まえ，それぞれの域内の事情を勘案し，適切に規則を設けることが求められる。

　不安要素の２つ目として，すでに学校支援活動や学校評議員として地域住民等に入ってもらっていて，地域連携はうまく行われているので，学校運営協議

会は必要ないという意見がある。

　保護者や地域住民等から意見をもらう仕組として「学校関係者評価」や「学校評議員制度」があるが，それらの意見は合議体としての意見ではない。また，述べられた意見を学校運営の基本方針に取り入れるかどうかは，制度上校長次第であり，地域住民等が学校運営に権限をもって参画することが明確に認められているものではない。学校運営協議会は合議体であり，学校と地域が「対等な立場」で協議するという重要な役割がある。学校運営協議会制度の導入により，地域住民等が当事者として学校運営に参画することを通じて，学校と地域の連携・協働体制が組織的・継続的に確立され，「地域とともにある学校づくり」や「課題解決に向けた取組」を効果的に進めることができる。

　また，学校運営協議会を設置することで，教職員の負担が増えるのではないかという意見もある。

　学校運営協議会の設置前後は，組織づくりや協議会の開催に関する事務に加え，保護者や地域住民等への理解促進等を地道に行う必要がある。そのため，協議会の運営が軌道に乗るまでに一定程度の準備期間が必要となる。一方で，「学校関係者評価」や「学校評議員制度」に関する機能は，学校運営協議会の仕組に組み込むことで組織を一体化することが可能であり，会議を減らすことができる。また，学校運営協議会が組織されていることで，想定外の協議案件が発生しても，改めて会議体をつくる必要がなかったという事例が多く報告されている。学校運営協議会は，学校・家庭・地域が「何を目指すのか」という目標やビジョンを共有し，「何に取り組む必要があるか」等について協議する機関なので，学校・家庭・地域が適切な役割分担がなされれば，教職員の負担はむしろ軽減される。教職員が地域住民や地域の組織とつながり，顔が見える関係になることで，学習や職場体験等で協力してもらえる企業や団体等を容易に見つけることができたり，学校の理解者が増えることで，苦情の件数が減ったりするなどの効果もあらわれている。

　学校運営協議会の設置に慎重な意見が多くみられるため，設置をしやすくするための制度変更も行われている。学校運営に資する活動を行う者を委員に加

えるようにし，委員の任命にあたり，校長が意見申出を行えるようにした。このことにより，校長がリーダーシップを発揮して，学校運営への支援を求めやすくした。また，学校運営協議会の設置・運営に必要な経費について，2018（平成30）年度から地方交付税を措置した[8]。それ以降も引き続き，地方交付税として地方財政措置を申請予定である。

　では，コミュニティ・スクールを導入することにより，どのような効果があるのだろうか。文部科学省が作成したコミュニティ・スクールのパンフレット（2018，5頁）では，以下の効果があると説明している。

　○　保護者・地域住民等も子どもたちの教育の当事者となり，責任感をもって積極的に子どもの教育に携わることができる。
　　・　お互いに顔がわかる関係になり，地域住民等が子どもたちに積極的に声をかけたり，直接助言したりする場面が増加する。
　　・　学校が保護者や地域住民等と一緒に課題等に対する対応策を考え，実行に移すことができる。
　　・　小中一貫教育等の新しい教育方法との組み合わせにより，地域ぐるみで効果的に子どもを育む体制が構築される。
　○　保護者や地域住民等にとって学校運営や教育活動への参画は，自己有用感や生きがいにつながる。さらに，子どもたちの学びや体験が充実する。
　　・　多くの大人の専門性や地域の力を生かした学校運営や教育活動が実現し，子どもたちに多様な経験を積ませることができる。
　　・　学校が社会的なつながりを得られる場となり，地域のよりどころとなる。
　　・　地域の特性を生かした学びの目標を共有したうえで実施することにより，学校での学びがより豊かで広がりを持つ。
　○　保護者や地域住民等と学校が，顔が見える関係となり，保護者や地域住民等の理解と協力を得た学校運営が実現する。
　　・　学校の現状や運営方針について理解が深まり，地域住民等が学校の応

援団となる。

・　学校・家庭・地域の「適切な役割分担」により，教職員が子どもと向き合う時間の確保につながる。

○　地域の課題解決に向けた取組や大規模災害時の緊急対応等に，学校と地域が一体となって取り組むことができる。

2017（平成29）年度にコミュニティ・スクールの導入が努力義務となり，以後5年間のうちにその設置が求められることになる。それまでの間，各地域，学校で，どのように導入していけばいいのかを検討していくことになる。

（4）地域学校協働活動

「地域学校協働活動」とは，地域の高齢者，保護者，PTA，NPO，民間企業，団体等の幅広い地域住民等の参画を得て，地域全体で子どもたちの学びや成長を支えるとともに，学校を核とした地域づくりを目指して，地域と学校が相互にパートナーとして連携・協働して行う様々な活動のことをいう（図1-1）。地域学校協働活動は，子どもたちの社会貢献意識，地域への愛着，コミュニケーション力および学力の向上，教員の地域・社会への理解の促進，地域の教育力の向上，活動を通じた地域の課題解決や活性化など，子ども，学校，地域それぞれに対して効果が期待できる。

しかし，地域はこれまでも，学校と連携しながら教育活動に取り組んできており，それぞれの地域の環境や歴史，文化に合わせた特徴ある授業が各地で展開され，子どもたちの豊かな学びを支えてきた。学校と連携して，教育課程内外にわたり，地域は学校の教育活動を支援してきた歴史が，地域にはすでにある。

では，地域学校協働活動は，これまでの学校支援の取組とどこがどのように違うのだろうか。その違いは端的に表すと，「支援」から「連携・協働」へ。地域が学校や子どもたちを応援・支援するという一方向の関係から，地域と学校がパートナーシップに基づき，双方向の関係になることである。これまでの

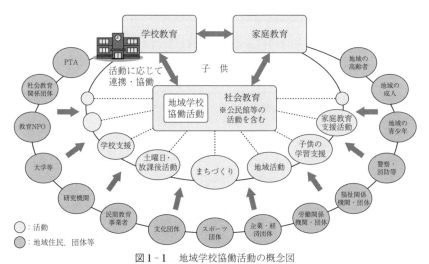

図 1-1　地域学校協働活動の概念図

（出所）　文部科学省コミュニティ・スクールパンフレット『コミュニティ・スクール2018——地域とともにある学
　　　　校づくりを目指して』2018年。

活動をベースに，子どもの成長を軸にして，自立した地域社会の基盤の構築・
活性化を図る「学校を核とした地域づくり」を目指すことになる。「協働」と
は，同じ目的・目標に向かって，対等の立場で協力して共に働くことである。
保護者や地域住民等が計画段階から参画し，現状や課題，目標・ビジョンの共
有ができたうえで，目標に向けた取組を進めて，はじめて「協働」といえる。
　地域学校協働活動による子どもたちへ期待される効果について，文部科学省
が作成したガイドライン（2017，7-8頁）では，以下のようなことが挙げられ
ている。

・　地域学校協働活動を通じて，子どもたちが自分たちの活動によって何か
　を変えたり，社会をよりよくしたりできるという実感を持つことは，子ど
　もたちにとって自分が身近な地域や社会生活に影響を与えるという認識に
　つながり，これを積み重ねていくことにより，主体的に学びに向かい，学
　んだことを人生や社会づくりに生かしていこうとする意識や積極性につな
　がっていくとともに，今後，「社会に開かれた教育課程」の実現に資する

ものとなる。

・　地域学校協働活動は，子どもたちに社会や職業との関連を意識させるキャリア教育の観点からも意義がある。地域学校協働活動を推進することにより，変化する地域や社会の動きを理解し，地域に根差した学習や体験活動を通じて，子どもたちがこれからの人生を前向きに考えていけるようにすることや，発達の段階に応じた多様な学びの中で，地域や社会と関わり，様々な職業の大人に出会い，社会的・職業的自立に向けた学びを積み重ねていくことができるという効果も期待される。

・　地域学校協働活動を通じて子どもたちが信頼できる大人と多くの関わりを持ち，愛情を注がれることにより，自己肯定感や他人を思いやる心など，豊かな心がはぐくまれることが期待できる。また，地域の人々に支えられ学んでいくことで，地域への愛着や地域の担い手としての自覚が育まれ，学びへの意識の向上が学力の向上に資することも期待できる。

　地域学校協働活動の基盤となる「学校支援地域本部事業」に参加している学校では，子どもたちのコミュニケーション能力や地域への理解・関心が高まる傾向があり，地域と学校の良好な関係が保たれている学校では，子どもの学力が高い傾向にあるという調査結果も出ている（図1-2）。

　地域学校協働活動による効果は，子どもたちだけでなく，学校や教員へ期待される効果もある。それについては，ガイドライン（2017，8頁）では以下のようなことが挙げられている。

・　「社会に開かれた教育課程」の実現には，社会と接点を持ちつつ，多様な人々と学校がつながりを保ちながら学ぶことができる開かれた環境となることが重要であり，その実現のためにも，幅広い地域住民等の参画による地域学校協働活動を推進していくことが期待されている。

・　各学校が「カリキュラム・マネジメント」に取り組んでいくにあたっては，地域と学校が子どもの成長に向けた目標を共有しながら，それぞれの地域や学校の特色を活かして地域学校協働活動を推進していくことが非常

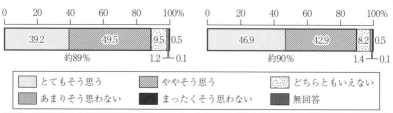

（出所）　「平成27年地域学校協働活動に関するアンケート調査」文部科学省・国立教育政策研究所。上記は学校を対象とする調査結果。

③保護者や地域住民の学校支援ボランティア活動が進んでいる学校ほど学力が高い。

「地域には，ボランティアで学校を支援するなど，地域の子供たちの教育に関わってくれる人が多いと思うか」への回答と学力テストの正答率

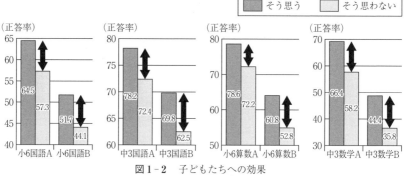

図1-2　子どもたちへの効果

（出所）　「平成25年度学力・学習状況調査（きめ細かい調査）の結果を活用した学力に影響を与える要因分析に関する調査研究」国立大学法人お茶の水女子大学　平成26年3月。

に有効となる。

・　教員自身が地域の人々との関わりのなかで得られる多様な活動・経験を通じ，地域や社会の変化を理解することで，地域の一員としての自覚や責任感を認識するとともに，教育者としての意欲が高まり，豊かな指導力の発揮にもつながる効果も期待できる。

・　地域学校協働活動を進めることで，「社会総がかり」での教育の実現に

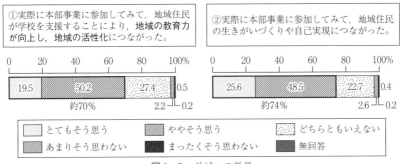

図1-3　地域への効果

(出所)　「平成27年地域学校協働活動に関するアンケート調査」文部科学省・国立教育政策研究所。上記は学校を
　　　　対象とする調査結果。

　向けて，教育や子どもたちの成長に対する責任や役割を家庭や地域住民と
分かち合うことにつながる。

　地域学校協働活動による効果は，地域へ期待される効果もある（図1-3）。
それについては，ガイドライン（2017，9-10頁）に以下のことが挙げられている。
・　地域学校協働活動は，活動に参画する地域住民の生きがいづくりや自己
　実現にも資するものであり，ひいては地域の教育力の向上や地域の活性化
　につながることが期待される。
・　地域と学校の連携・協働が進み，地域と学校が顔の見える関係を築いて
　いくことは，災害における避難所運営にも非常に有効である。平常時から
　地域と学校の連携・協働体制を構築していくことにより，そうした非常時
　の円滑な体制づくりにつながっていくことが期待できる。

　地域学校協働活動の幅広い担い手を確保するためには，教員を目指す大学生
や社会貢献活動や地域政策に関心のある大学生等の地域学校協働活動への参画
を促進することも有効である。教育委員会は，地域の大学との連携を推進し，
教員養成系の学部や学科の教職課程の学生をはじめとして，地域貢献や人材育
成に関心を持つ学生に対して，地域学校協働活動を体験してもらう学校イン

ターンシップや学校ボランティアなどの取組の実施を推進することが重要である。こうした取組は，学生がこれからの教員に求められる資質を理解し，自らの教員としての適格性を把握するための機会としても有意義であるとともに，大学生の社会参画意識の向上にも大きな意義があると考えられる。

　京都文教大学の小学校教員養成課程では，1年次生から4年次生まで，学校インターンシップを実施している。京都文教大学の学校インターンシップは，同じ学校に週に1回，継続的に学校現場で活動している。地域にある大学も地域にある重要な教育資源であり，地域や学校と連携・協働して地域学校協働活動を推進してくことが重要である。

（5）地域学校協働活動の事例

　1）外部人材等を活用した休日における教育支援活動

　外部人材等を活用した休日における教育活動は，社会や地域の変化に対応した「社会に開かれた教育課程」を地域・社会と連携しながら実現するためにも有効である。新たな時代に向けて，必要な情報を活用して新たな価値を創造していくためには，多様な民間企業や団体等の外部人材の活用により，教育プログラムの充実を図るという観点も重要である。

　例えば，京都文教大学と地元新聞社の「洛タイ新報」[9]，城陽市市民活動センターとが協働して行っている「子ども記者クラブ」という活動がある。地域から募集した小学生，中学生が「子ども記者」として地域を取材し，新聞記者の指導を受けて記事を書き，「洛タイ新報」に掲載するものである。この活動は，地域を取材することを通して，子どもたちが地域のことを理解し，考えることで，自分たちの住む地域に愛着を持ったり，自らの町をよくしたいと願う気持ちを育むことが期待でき，より良い市民になるためのシティズンシップの育成になる。「宇治学」のような地域学習で学んだことと連動させれば，「宇治学」の学習をさらに発展させたり深めたりすることができる。何より，「洛タイ新報」に記事を掲載されることで，より多くの市民に自分たちの活動の様子や考えを発信することができる。新聞という媒体を使うことによって，より多くの

市民とつながることが実感できる。

2）家庭教育支援活動

　地域学校協働活動を進めていく際に，保護者との連携・協働により，寄り添いが必要な子ども，不登校傾向のある子ども等への対応を充実させるため，家庭教育支援活動を地域学校協働活動の一環として実施することも有効である。自治体によっては，保護者の身近な地域で子育てや家庭教育を支援する「家庭教育支援チーム」と連携しつつ，保護者が悩みを共有できる場を作ったり，福祉部局等と連携するなどして，地域と学校による様々な取組と組み合わせて活動を実施している事例もある。

　京都文教大学では，宇治市，NPO法人と連携して，「子育て支援プロジェクト」を行っている。小学校教員養成課程の学生が，放課後の居場所づくりとしての「つながりひろば」で，小学生や中学生の学習支援を行っている。また，子ども貧困対策の一助としてNPO法人が実施している「子どもつながり食堂」にも学生ボランティアとして関わっている。また，「子育て支援プロジェクト」の活動を通して，親同士が子どもの関わり合う姿を見て，親として子どもへの関わり方を見直すきっかけとなり，子育ての一助にもなっている。

3）郷土学習・地域課題解決学習

　地域の将来を担う人材を育てていくためには，わが国や郷土が育んできた伝統や文化に立脚した幅広い視野を持ち，人生を切り拓いていく能力を育成することが課題となる。このため，地域と学校が連携・協働し，例えば，子どもたちが「ふるさと」について地域住民から学び，自ら地域について調べたり発表したりする学習を通じて，地域への愛着を持つ子どもを育み，地域の将来を担う人材を育成していくことが重要となる。

　これからの地域を活性化させるためには，子どもたちも地域を創っていく一員として，地域住民と共に地域の実情を学び，地域を活性化するための方法を主体的に考えることができるような学習活動を充実することが課題となる。こ

のため，子どもたちと地域住民が協働して，地域の資源を理解し，その魅力を伝えたり，地域活性化のための方策を考え実行する学習活動が重要となる。例えば，地域の観光振興，地域防災マップの作成等の学習活動が挙げられる。活動を通じて地域住民も子どもたちの視点から学んだり，地域住民が分野を越えて連携・協働することで，地域活性化につながっていくことが期待される。

　また，学ぶことと社会とのつながりを実感しながら，地域の生活や社会のなかで出会う課題の解決に主体的に生かしていけるよう，地域と学校の協働による地域課題解決型学習が重要である。地域課題を解決する学習・体験活動や，多様な経験や技術を持つ地域の人材・企業等の協力により，子どもたちと地域住民が連携・協働し，地域の課題の解決や地域振興等に向けた多様な活動を企画・実施する取組が期待されている。例えば，地域住民と共に学ぶ防災学習，地域の環境問題解決学習，地域課題の解決に向けて企画提言する活動などが考えられる。

　「宇治学」の学習は，この「郷土学習・地域課題解決学習」にあてはまり，上記の内容は，「宇治学」の学習に組み込まれている。「宇治学」は，「ふるさと宇治」の状況や特徴，良さや課題について知り，より良い宇治の姿や将来の自分，自らの生き方について主体的に考え行動する児童生徒を育成することを目指している。

　以上のように，地域学校協働活動は，学校教育の範囲を越えて，様々な活動が含まれる。「宇治学」も地域学校協働活動の１つとして，総合的な学習で実施されている。

2　宇治市の特性を生かした地域協働型学習モデル

（1）地域協働型学習モデル

　「宇治学」は，地域と連携・協働して，地域と共に学ぶ学習活動である。このような学習活動を「地域協働型学習」と呼んでいる。今後，社会において求められる能力は，「答えのない課題」に最善解を導くことができる能力や分野

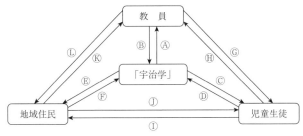

図1-4　「宇治学」による地域協働型学習モデル

横断的な幅広い知識・俯瞰力などの能力である。そのためには，社会の激しい変化のなかでも何が重要かを主体的に判断できることや，多様な人々と協働できること，また新たな価値を創造していくとともに，新たな問題の発見・解決につなげていくことができる力などが必要となる。そうした資質・能力をつけるためには，学校だけでは十分ではなく，「社会総がかり」で子どもたちを指導する教育システムが必要となる。地域協働型学習モデルは，そうした仕組みをつくることにある（図1-4）。

　地域協働型学習である宇治学を通して，教員，児童生徒，地域住民（住んでいる人，働いている人，地域の大学に通学する学生，保護者も含む）の協働により，従来にはない質の高い探究学習ができると考えている。それぞれの協働による効果として，以下の点が挙げられる。

　Ⓐ教員にとって，学習モデルが示されることにより，若手教員や他地域出身者でも取り組みやすく，指導力の向上になる。

　Ⓑカリキュラム・マネジメントが求められるため，教員の個性を発揮して，柔軟な発想による実践が可能となる。

　Ⓒ児童生徒にとって，思考ツールの活用により主体的な学びを促進し，横断的・総合的な学習や探究学習を通して，自己の生き方を考えることができるようになる。

　Ⓓ児童生徒の興味・関心に応じて学習問題を設定し，アクティブ・ラーニングによる学習に取り組むことができる。

Ｅ地域住民にとって，児童生徒が宇治に関心を持ちふるさと意識を持つことによって刺激が生まれ，主体的にまちづくりに参画する生き方につながる。

　Ｆ地域住民が，主体的に学校教育に参画することができ，地域協働型学習が実施できる。

　Ｇ教員は児童生徒の興味・関心に応じた学習プログラムを組むことが求められるため，児童生徒の主体的な学びが保障できる。

　Ｈ児童生徒が学習内容や学習方法を自ら決定し，自律的に学習を進めることができる。

　Ｉ児童生徒が地域の課題を把握し，地域住民とともに，協働的な学びができるとともに，社会参画活動を行うことができる。

　Ｊ地域住民は，それぞれの経験や職能を生かして，児童生徒に様々な学びの場を提供することができる。

　Ｋ地域住民は教員と連携・協働しながら，共に教育活動（計画・実践・評価）を行うことができる。

　Ｌ教員は，地域住民から地域の実情や専門的なことを学ぶことができ，学習の充実を図ることができる。

　以上の効果により，「宇治学」を通じて，学校教育と地域がつながる「地域協働型学習モデル」を構築することができる。

（2）宇治市の特性と地域教材の開発

　宇治市は，京都市の南部に位置し，京都府の中では，京都市に次ぐ観光都市である。特産品の宇治茶，世界文化遺産の平等院鳳凰堂や宇治上神社，源氏物語のゆかりの地となっていることなど，隣接する京都市とは異なる独自の文化，歴史を誇り，多くの観光客が訪れている。また，自然に恵まれ，林野面積が市域の半分以上を占めている。このような宇治の歴史・文化・伝統・自然などを学習にどのように位置付けるのか，地域協働型学習では，その教材化が重要となる。

　「宇治学」では，宇治市の特性から児童生徒に学ばせたいことを考え，各学

表1-1　「宇治学」副読本の各学年単元題材・テーマ

学年	重点単元の題材・テーマ	内　　容
3	宇治茶のステキをつたえよう	宇治茶と茶文化
4	発見!!「ふるさと宇治」の自然を伝えよう	自然環境や生活環境
5	「ふるさと宇治」をすべての人にやさしいまちに	地域福祉・ノーマライゼーション社会
6	「ふるさと宇治」の魅力大発信	地域の良さ，歴史・史跡・伝統文化等や観光
7 (中1)	命　そして「ふるさと宇治」を守る 〜私たち中学生としてできること〜	災害時の対応や災害に強い宇治市
8 (中2)	「ふるさと宇治」と生きる 〜これからの自分の生き方を考える〜	職場体験学習を中心にしたキャリア教育
9 (中3)	「ふるさと宇治」の未来 〜私たちができること〜	将来の宇治市への提言

　年の発達段階に応じて，どのようなテーマで学習を行えばいいのかを検討した。その際，各学校で，実施されている総合的な学習を事前調査し，すでに実施された学習内容と同様のテーマを「宇治学」でも行うようにした（表1-1）。そのほうが，各学校も「宇治学」を実施しやすく，これまで教材化した経験やノウハウを生かせるからである。

　例えば，小学校第3学年は，社会科で「地域の生産の仕事」として宇治茶の生産について学習してきたので，「宇治茶と茶文化」をテーマに学習する。小学校第6学年も社会科で，歴史学習として平安時代の平等院を学習するので，「地域の良さ，歴史・史跡・伝統文化等や観光」をテーマに学習する。中学校第2学年では，職場体験活動を行うので，「職場体験学習を中心にしたキャリア教育」をテーマに学習する。中学校第3学年は，「宇治学」を学ぶ最終学年であることから，「宇治学」の最後のまとめとして，「将来の宇治市への提言」をテーマに学習する。また，小中一貫教育で行う「宇治学」ではあるが，小学校第6学年も小学校段階の最終学年として，小学校第3学年から学習したことを生かして学習できる内容とした。

　各学年で学習するテーマが決まれば，次は，学習内容を検討することになる。

しかし，地域協働型学習は知識伝達型の学習ではないので，地域とどのように連携・協働して学習ができるのかを考えなければならない。そこで，フィールドワークと見学・体験活動を学習活動に必ず入れるようにし，地域と連携・協働しなければ学習が成立しない学習構成としている。また，知識伝達型の学習にならないように，思考ツールを積極的に取り入れるようにし，児童生徒の主体的な学びになるようにしている。このように内容構成を決め，副読本を作成した。副読本に記述されていることは「地域協働型学習モデル」であり，それを参考に各学校の地域や児童生徒の事態に応じた地域協働型学習を実施していくことになる。

注
(1) 国立社会保障・人口問題研究所「日本の地域別将来推計人口」平成25年3月推計
(2) 文部科学省中央教育審議会答申「幼稚園，小学校，中学校，高等学校及び特別支援学校の学習指導要領等の改善及び必要な方策等について」平成28年12月
(3) 文部科学省中央教育審議会答申「新しい時代の教育や地域創生の実現に向けた学校と地域の連携・協働の在り方と今後の推進方策について」平成27年12月
(4) 地方教育行政の組織及び運営に関する法律第47条の6
(5) 事例として，東日本大震災復興基本法第5条がある。ここでは，「国民は…相互扶助と連帯の精神に基づいて，被災者への支援その他の助け合いに努めるものとする」とある。これは訓示的規定である。
(6) 事例として，健康増進法第25条がある。ここでは，「学校…その他の多数の者が利用する施設を管理する者は，これらを利用する者について，受動喫煙を防止するために必要な措置を講ずるように努めなければならない」とある。これは激変緩和的規定である。
(7) 学校設置者とは，学校を設置する国，地方公共団体，学校法人を指す。
(8) 平成30年度文教関係地方財政措置として「学校運営協議会の設置」が新設された。そこでは，「学校運営協議会を設置する学校に対し，学校運営協議会の設置・運営に必要な経費として，積算上，学校運営協議会委員報酬及び会議費等を措置」と定められている。
(9) 活動時は前身の洛南タイムスだったが，2018年に城南新報と合併した。

第2章
総合的な学習の時間の意義と目指す資質・能力

1　総合的な学習の時間の意義
──児童生徒と教師・地域をつなぐ──

　1998・1999年の学習指導要領の改訂において，小学校，中学校に「総合的な学習の時間（以下，総合的な学習）」が創設された。創設の趣旨は，各学校が地域や学校，児童生徒の実態に応じた横断的・総合的な学習など創意工夫を生かした教育活動を行うことである。

　これは，1996年7月の中央教育審議会「21世紀を展望した我が国の教育の在り方について」の中で「『生きる力』が全人的な力であることを踏まえ，横断的・総合的な指導を一層推進しうるような手立てを講じて，豊かに学習活動を展開していくことがきわめて有効であると考えられる」として，「一定のまとまった時間（総合的な学習の時間）を設けて横断的・総合的な指導を行うこと」の提言を受けてのことである。

　2008年3月小学校学習指導要領が改訂され，改善の具体的事項として，総合的な学習のねらいについては，小・中・高等学校共通なものとし，児童生徒の学ぶ意義や目的を明確にするため，日常生活における課題を発見し解決しようとするなど，実社会や実生活との関わりを重視することとした。

　また，各教科等の枠を超えた横断的・総合的な学習，探究的な活動を行うことをより明確にした。そのことによって，各教科における基礎的・基本的な知識・技能を相互に生かし，各教科等と一体となって児童生徒の力を伸ばすという意義を見出すことができるとし，各教科等の枠組みを超えた横断的・総合的な学習が，これからの「知識基盤社会」の時代にあって，児童生徒に必要な思

考力，判断力，表現力等の育成に重要であると示したのである。

　上記の実社会や実生活に生かすとは，各教科等の学びを生かすことであり，教育と生活をつなぐところに意義がある。社会には正答の定まらない，一つの教科の枠組みでは解決できない課題，容易には解決に至らない課題，複合し合った課題などがある。総合的な学習では，各教科等で身に付けた知識や技能を相互に関連付けて課題解決に向かうことが期待される。そして，これからの社会を生きるため，児童生徒が取り巻く環境に関心をもち，課題解決に向かって，各教科等の学びを駆使しながら積極的に関わっていこうとする，よき学習者を育てることになるのである。ここでは，総合的な学習の意義について，以下の5つの点から述べることとする。

（1）各教科等の学習をつなぐ

　総合的な学習の学習指導においては，探究的な見方・考え方を働かせ，日常生活や社会に目を向けた時に出会う疑問や関心事等から課題を見出し，そこにある具体的な問題点について情報を収集し，その収集した情報を整理・分析し，知識・技能に結び付けながら課題解決に取り組むようにしていく。そこには，友達や地域の人々と協働することで，物事の本質に迫っていく姿が見られる。しかし，この探究的な見方・考え方は，各教科等の学びが総合的に働くことによって，得られてくるものである。

　小学校学習指導要領解説総合的な学習の時間編（25頁，文部科学省，2017年7月）第3節「各学校において定める目標及び内容の取扱い」3の(2)には以下のように示している。

---

(2)　各学校において定める目標及び内容については，他教科等の目標及び内容との違いに留意しつつ，他教科等で育成を目指す資質・能力との関連を重視すること。

26

　各教科固有の目標や内容がその役割を果たし，その目標をよりよく実現していくことは，教育課程に適切に機能させることになる。その際，総合的な学習で育成を目指す資質・能力と他教科等で育成を目指す資質・能力との関連を考える必要がある。

　すなわち，育成を目指す資質・能力の「知識及び技能」「思考力，判断力，表現力等」「学びに向かう力，人間性等」のそれぞれにおいて，各教科等の目指す資質・能力との関連を図ることである。

　総合的な学習においては，教科等の枠組みを超えて全ての学習の基盤となる資質・能力を育むとともに，各教科等で身に付けた資質・能力と相互に関連付け，学習や生活に活かし，それらが総合的に働くように求められているからである。

　そのため，各教科等の学びと総合的な学習の学びが往還的に双方向性をもたせることが一層重要なこととなる。

　また，同解説（39頁）第4章「指導計画の作成と内容の取扱い」第1節「指導計画作成に当たっての配慮事項1」「指導計画作成上の配慮事項1」の(3)には，以下のように示している。

---

(3)　他教科等及び総合的な学習の時間で身に付けた資質・能力を相互に関連付け，学習や生活において生かし，それらが総合的に働くようにすること。その際，言語能力，情報活用能力など全ての学習の基盤となる資質・能力を重視すること。

　2017年の改訂においては，これまでの改訂時に示された総合的な学習と各教科等との関わりを意識するように求めている。それは，学校教育全体で教科等横断的に資質・能力を育成するカリキュラム・マネジメントが求められているからである。先にも述べたとおり，各教科で身に付けた個別の資質・能力が組

織化され総合化されることによって，より学習や生活に生かされるのであり，各教科等で身に付けた資質・能力が総合的な学習で発揮され，また，総合的な学習で身に付けた資質・能力が各教科等の学習に生きて働くことが大切なこととなる。このように他教科等や総合的な学習の双方の働き合う横断的・総合的な学びは，さらに学習過程において，深まりを見せ，大きな成果をあげることとなる。探究活動のなかで，この力を思う存分発揮する児童生徒の姿が期待できる。さらに，同解説（41頁）(4)には，

> (4) 他教科等の目標及び内容との違いに留意しつつ，第1の目標並びに第2の各学校において定める目標及び内容を踏まえた適切な学習活動を行うこと。

と示している。ここでは，各教科等の固有の目標や内容をよりよく実現していくなかで，総合的な学習の目標や内容を踏まえた適切な学習活動を展開していくことを求めている。2017年の改訂で，明確にされた「探究的な見方・考え方を働かせ，横断的・総合的な学習を行うこと」という総合的な学習の特質を踏まえることを重視したのである。これまでも総合的な学習の改善点として指摘された特定の教科等の学習指導にふり替えたり，学校行事との混同にならないようにしていくことで，総合的な学習の本来の意義に迫っていくことがより可能となるのである。

　学校行事との混同は，同解説（154頁）第1章総則第2の3の(2)のエ，「総合的な学習の時間における学習活動により，特別活動の学校行事に掲げる各行事の実施と同様の成果が期待できる場合においては，総合的な学習の時間における学習活動をもって相当する特別活動の学校行事に掲げる各行事の実施に替えることができる」との記述の読み取り方に起因する。総合的な学習は，探究的な学習を前提としているが，学校行事が真にその探究的な学習にふさわしいの

か，十分な検討が必要であり，安易にふり替えてよいものではないことは明白である。

　また，同解説（44頁）(7)では，特別の教科道徳との関連を示している。

---

(7)　第1章総則の第1の2の(2)に示す道徳教育の目標に基づき，道徳科などとの関連を考慮しながら，第3章特別の教科道徳の第2に示す内容について，総合的な学習の時間の特質に応じて適切な指導をすること。

　この(7)では，特別の教科道徳との関連を示し，道徳科を通した道徳的価値についての理解を基に自己を見つめ，物事を多面的・多角的に考え，自己の生き方についての考えを深めていく学習を「総合的な学習における自己の生き方を考えること」につなげていくことを求めている。特別の教科道徳を通して考えた道徳的価値と総合的な学習が求める自己の生き方を関連付けて考えられるようにすることが大切であり，道徳科と総合的な学習における道徳教育との関連を図ることで，各教科等や総合的な学習の学びが教育の質を高めることになる。

　総合的な学習が探究的な学習であることを前提としていることを踏まえ，各教科等との関連を図りながら教育活動を展開することで，総合的な学習が育成を目指す資質・能力を高めていくということに期待できるであろう。

（2）児童生徒と地域をつなぐ

　課題解決型の地域学習は，各教科等の学びを横断的・総合的に働かせることによって，はじめて効果を発揮することができる。小学校における総合的な学習では，児童を取り巻く身近な環境を学習対象とすることが多い。どの地域においても，その地域ならではの良さがあり，特色がある。伝統や文化を受け継ぎ，後生に伝えようとする人々の思いや願いに接したり，その地域の気候や風土を生かした特産物などを製造したりする人々と関わりながらよりよい郷土づ

くり・郷土愛を育むことが期待できる。

　また，「地域を学び，地域に学び，地域で学ぶ」ことは，その地域と他の地域との相違や類似といった他を知ろうとする目を養い，視野を広げていくことを可能にしていく。そこには，その地域に対する見方・考え方の目を養い，その地域に対する愛着や誇りをもち，その地域に働きかける実践力を身に付けることが期待できる。

　児童生徒が地域に生き，身近にある諸課題を自己の生き方との関わりで考え，よりよい解決に向けて地域社会で行動していくことに期待をもつこともできる。

　この郷土学習の充実を図るには，小学校生活科の学びを生かすことが重要となる。

　低学年生活科を通して，学校を取り巻く身近な環境からスタートした郷土学習をもとに，第3学年以降の社会科の郷土学習へと適切な接続を図りながら，地域の風土を学習対象とした直接体験を繰り返す探究活動は，生活と密着したなかでその対象と自分との関わりを意識し，郷土についての視野を広げていく。

　また，各教科等との関連を図った総合的な学習は，学校を取り巻く身近な地域の自然環境，生活環境に目を向けさせることになり，児童が自分との関わりにおいて地域の自然環境や生活環境に関心を高め，地域の自然環境や生活環境に対する見方・考え方の目を養い，自然環境や生活環境に自ら働きかける実践力を身に付けていく。身近な自然環境，生活環境にある諸課題を自己の生き方との関わりで考え，よりよい解決に向けて地域社会に働きかけ行動していくことに期待をもつことができる。こうした課題解決型の学習は，従来の各教科等の枠組みの中では必ずしも適切に扱うことはできないし，各教科等の学びを横断的・総合的に働かせることによってはじめて効果を発揮することができる。

　また，「地域を学び，地域に学び，地域で学ぶ」ことを通して，地域福祉の視点から障がいがある人の気持ち，思いや願いに寄り添った直接体験を繰り返しながら，地域福祉に対する見方・考え方の目を養い，地域福祉に関わる諸課題を自己の生き方との関わりで考え，住みよいまちづくりにしていくための社会参画，社会貢献が期待できる。地域福祉に関わる課題解決の大切なポイント

は，諸課題を自分の事として捉え，考えたこと伝えたいことを発信して終わるのではなく，障がいがある人々の思いや願いに寄り添った行動ができるようになることである。

　また，この郷土学習では，地域の歴史や文化，自然に関わる課題の探究活動を通して，郷土の魅力を再発見し，考えたこと伝えたいことを「郷土の魅力」として発信していくことを可能にする。結果をまとめて発表するだけでなく，実際に足を運び納得や実感を伴うなどの直接体験を繰り返しながら，児童が郷土のよさに気付き，郷土への誇りと愛着を感じ取っていく。これからの自分の生き方について考える機会となる。このように，郷土学習の取組は，地域の人々との関わり，協働的な探究活動を繰り返していくという点でたいへん意義深いものと考えることができる。

（3）児童生徒と実社会，実生活をつなぐ

　同解説（26頁，27頁）第3章「各学校において定める目標及び内容」第3節「各学校において定める目標及び内容の取扱い」3の(3)に，以下のように示している。

---

(3)　各学校において定める目標及び内容については，日常生活や社会との関わりを重視すること。

　「日常生活や社会生活との関わりを重視する」ことについて，解説編では3つの点に意味があるとしている。
　① 実社会や実生活において「生きて働く資質・能力」の育成を期待していること
　　実際の生活にある課題を取り上げることで，児童は日常生活や社会において，課題解決に関心をもって真剣に取り組み，自らの能力を発揮することへ

の期待と，そうした探究的な活動のなかで育成された資質・能力は，実社会や実生活に生きて働く実践的な態度として育成されることを期待してのことである。

② 「児童が主体的に取り組む」学習が求められていること

　日常生活や社会に関わる課題は，児童自身とのつながりが明らかであり，関心も高まりやすく，直接体験なども行いやすいなど真剣に取り組む児童の姿が期待できることにある。

③ 児童にとっての学ぶ意義や目的を明確にすることが重視されていること

　自ら課題を設定し，その課題を解決する過程では，地域の様々な人との関わりが生じることも考え，こうした探究活動から解決することへの達成感などを感じ取り，それが自信となって日常生活や社会への参画意識が醸成されることに期待ができることにある。

　以上に示した3つの意味を，各学校が捉え全体計画作成に生かしていくことが大切である。身近な実生活のなかにある諸問題や地域の事象を取り上げ探究活動に取り組むことで，総合的な学習のいっそうの効果が期待できる。

（4）義務教育9年間の学びをつなぐ

　生活科は，人や社会および自然を一体として身近な地域の素材を対象にした学習を展開していく。生活科の学びの充実は，総合的な学習だけでなく第3学年からの各教科等に生かされることになる。郷土に愛着をもち，郷土に育つことを誇りに思うとともに，児童自身が自分の生き方を重ねながら常に自分自身に問いかける児童生徒を育てることになる。生活科からスタートした郷土学習が問題の解決や探究的活動を通した総合的な学習の時間に継承・発展されることで，児童の主体的・対話的で深い学びが育まれることになる。2016年8月の生活・総合的な学習の時間ワーキンググループにおける審議のとりまとめ（総合的な学習の時間）において，総合的な学習の課題を以下のように指摘している。

　「総合的な学習の時間と各教科等との関連を明らかにするという点では，学

校に格差がある。平成29年の改訂により，各教科等を学ぶことによってどういった力が身に付き，それが教育課程全体の中でどのような意義を持つのかを整理し，教育課程全体の構造を明らかにしていくこととされている中で，これまで以上に総合的な学習の時間と各教科等の相互の関わりを意識しながら，学校全体で育成を目指す資質・能力に対応したカリキュラム・マネジメントを行う必要がある。」

と示したのである。

すなわち，各学校において，各教科等や総合的な学習の学習指導について小学校では6年間の見通しを持った教育課程の全体構造を，中学校では3年間の見通しを持った教育課程の全体構造を，それぞれ見直し，児童生徒に身に付けさせたい力を明確にしたカリキュラム・マネジメントを行うとともに，その上に立って，義務教育9年間で育成を図る資質・能力を育てることの必要性を求めたのである。上記の指摘された改善点を踏まえて，各学校が児童生徒の各教科等の学びを関係付け実践していくことで，総合的な学習の時間の充実が期待できる。

（5）教師と児童生徒をつなぐ

低学年生活科や総合的な学習では，「教師は教える」「児童は教わる・教えられる」から「児童生徒が自ら学ぶ」ことをより意識する必要がある。教師は，児童生徒に付けたい力を見通しながら単元を構想するが，教師自らも学校を取り巻く環境を通して探究的に学ぶことが大切である。また，生活科や総合的な学習においては，学習素材を地域に求めていくことになるが，これは机上で済ませることはできない。その地域に出て実際に情報収集しなければならないし，そうでなければ郷土学習における意図的・計画的な学習は成り立たない。児童生徒に「活動させる」というよりも，時には児童生徒と一緒になって探究活動を楽しむことで，教師自身も地域の人々の思いや願いに触れたり，児童生徒の考えを受け止めながら探究活動を進めていくことで，教師と児童生徒の関係も深まっていくものとなろう。

2 総合的な学習の現状と課題
──学習指導要領にみる──

(1)総合的な学習の現状

1)創設からの経緯

　総合的な学習は，1998，1999年の学習指導要領改訂において，小学校・中学校・高等学校の教育課程に創設された時間である。その趣旨については，各学校が，地域や学校，児童生徒の実態等に応じて，横断的・総合的な学習や児童生徒の興味・関心に基づく学習など創意工夫を生かした教育活動を行うこととした。小学校学習指導要領解説総則編（45頁，46頁。文部省，1999年5月）において，総合的な学習の時間のねらい（第1章第3の2）として，以下のように示した。

---

(1)　自ら課題を見付け自ら学び，自ら考え，主体的に判断しよりよく問題を解決する資質や能力を育てること。

(2)　学び方やものの考え方を身に付け，問題の解決や探究活動に主体的，創造的に取り組む態度を育て，自己の生き方（高等学校は「在り方生き方」）を考えることができるようにすること。

　また，そのねらいとともに，「総合的な学習の時間は，自ら学び，自ら考え，問題を解決する力などの［生きる力］の育成や学び方やものの考え方の習得などのねらいの下，各教科等で身に付けられた知識や技能を相互に関連付け，総合的に働くようにすることを目指すものと言える。このようなこの時間の活動を通して，学校で学ぶ知識と生活との結び付き，知の総合化の視点を重視し，各教科等で得た知識や技能等が生活において生かされ，総合的に働くようにすることが大切である」とした。

　2002年の学習指導要領全面実施以降，一部において成果は見られてきたものの，課題として目標や内容が明確に設定されていない，必要な力が児童に付いたかについて検証・評価を十分に行っていない，各教科等との関連に十分配慮していない，適切な指導が行われず，教育効果が十分に上がっていないなど改善すべき課題が少なくなかった。それを受けて，2003年12月に学習指導要領の一部改正を行った。具体的には，各教科や道徳，特別活動で身に付けた知識や技能を関連付け，学習や生活に生かし総合的に働くようにすること，各学校において総合的な学習の時間の目標及び内容を定めるとともに，この時間の全体計画を作成する必要があること，教師が適切な指導を行うとともに学校内外の教育資源の積極的な活用などを工夫する必要があること，について学習指導要領に明確に位置付けたのである。

　このように，これまで総則編に位置付け，総合的な学習の趣旨やねらいなどについて定めてきたが，2008，2009年の改訂において，総合的な学習の教育課程における位置付けを明確にし，各学校における指導の充実を図るため，総則から取り出し新たに第5章として位置付けることとした。そして，思考力，判断力，表現力等が求められる「知識基盤社会」の時代において，ますます重要な役割を果たすとして，教科等の枠を超えた横断的・総合的な学習とともに探究的な学習や協同的な学習をすることを明らかにしたのである。

　2017年の改訂では，各学校で育てようとする資質や能力及び態度を設定する際の視点を例示したり，各学校で設定する内容につながる学習活動の例示を各学校種に応じて見直しを行っている。

　特に探究的な学習を実現するために，課題設定，情報の収集，整理・分析，まとめ・表現の探究プロセスを明示し，

①　日常生活や社会に目を向けたときに湧き上がってくる疑問や関心に基き

②　そこにある具体的な問題について情報を収集し

③　その情報を整理・分析したり，知識や技能に結び付けたり，考えを出し合ったりしながら問題の解決に取り組み

④　明らかになった考えや意見などをまとめ，表現し，そこから，また新た

な課題を見付け，さらなる問題の解決を始める
といった学習活動を発展的に繰り返していくことを明らかにしたのである。

（2）総合的な学習の成果と課題

　生活・総合的な学習の時間ワーキンググループにおける審議のとりまとめ
（《総合的な学習の時間》2016年8月26日）は以下のとおりである。

1）成　果
・　小学校，中学校における全国学力状況調査の結果からは，自分で課題を
　　立てて情報を集め整理し，調べたことを発表するなどの学習活動に取り組
　　んでいる児童生徒ほど各教科の正答率が高い傾向があること。
・　総合的な学習において，自分で課題を立てて情報を集め整理して，調べ
　　たことを発表するなどの学習活動に取り組んでいる生徒の割合が増えてい
　　ること。
・　日本生活科・総合的学習教育学会の調査では，探究的で協同的な総合的
　　な学習の時間を経験した中学校・高等学校の生徒は，自らの将来展望をしっ
　　かりと描き，他者と異なる考え方を受け入れ，課題解決に向けて協同しよ
　　うとする態度が身に付いてきていること。
・　（同調査から）探究プロセスである「課題設定，情報の収集，整理・分析，
　　まとめ・表現」の過程を意識した総合的な学習の時間が行われてきている
　　こと。
・　（同調査から）探究の過程に積極的に取り組む子どもほど各教科における
　　期待する思考力などの学力が高い傾向があること。

2）課　題
○　総合的な学習で育成を目指す資質・能力についての視点において
・　総合的な学習は，学習指導要領において目標を示しつつ，各学校がそ
　　れを踏まえて具体的な目標や内容を設定するとされてきた。これにより，

各学校が特色ある取組を工夫することについては広がってきたが，総合的な学習を通して，どのような資質・能力を育成するかということや，総合的な学習と各教科等の関連を明らかにするという点においては，学校により差があること。

・ 2017年の改訂に向けて，各教科等を学ぶことによってどういった力が付き，それが教育課程全体の中でどのような意義を持つのか整理し，教育課程全体の構造を明らかにしていくこと。

・ これまで以上に，総合的な学習の時間と各教科等の相互の関わりを意識しながら学校全体で育成を目指す資質・能力に対応したカリキュラム・マネジメントが行われること。

○ 探究の視点においては，

・ 総合的な学習の時間の実施の状況において，探究の過程を意識することは広まってきているが，探究過程のなかで，整理・分析，まとめ・表現に対する取組が十分でないという課題が見られること。

・ 上記の学習活動に関して，教師は比較的うまく進められていると感じているのに対して，児童生徒はそのように受け止めていないという指摘があること。

・ 協働的（協同的）な学習を進めるなかで，集団としての学習成果に着目するのではなく，探究の過程を通した児童生徒一人ひとりの資質・能力の向上ということをより一層意識した指導の充実を図ること。

○ 高等学校における総合的（探究的）な学習のさらなる充実の視点において

・ 高等学校においては，探究の過程を意識するなかで，社会に参画し地域の活性化に結び付く事例，総合的（探究的）な学習の時間をきっかけに各教科の学習が主体的，協働的に変わってきた事例などが生まれてきている一方で，本来のこの時間の趣旨を実現できていない学習活動を行っている学校，進路指導や学校行事として行うことが適切であるような学習活動を行っている学校があるという指摘があること。

・　小学校・中学校における取組の成果の上に，高等学校にふさわしい実践が十分展開されているとはいえない状況にあること。

などの指摘がある。

　今後，完全実施に向けて，各学校とも教育課程全体の改善を図ることがいっそう求められる。

3　総合的な学習の時間の目指す方向性
―― 「生きる力」を育成する ――

（1）学習指導要領改訂の趣旨と要点

　2016年12月に「幼稚園，小学校，中学校，高等学校及び特別支援学校の学習指導要領等の改善及び必要な方策等について（答申）」（以下「中央教育審議会答申」という）を示した。本答申においては，"よりよい学校教育を通じてよりよい社会を創る"という目標を学校と社会が共有し，連携・協働しながら新しい時代に求められる資質・能力を子ども達に育む「社会に開かれた教育課程」の実現を目指し，学習指導要領等が，学校，家庭，地域の関係者が幅広く共有し活用できる「学びの地図」としての役割を果たすことができるよう，以下6点にわたってその枠組みを改善するとともに，各学校において教育課程を軸に学校教育の改善・充実の好循環を生み出す「カリキュラム・マネジメント」の実現を目指すことなどが求められることとなった。

　すなわち，以下のとおりである。

① 「何ができるようになるのか」（育成を目指す資質・能力）

② 「何を学ぶか」（教科等を学ぶ意義と，教科等間・学校段階間のつながりを踏まえた教育課程の編成）

③ 「どのように学ぶか」（各教科等の指導計画の作成と実施，学習・指導の改善・充実）

④ 「子ども一人ひとりの発達をどのように支援するか」（子どもの発達を踏まえた指導）

⑤ 「何が身に付いたか」（学習評価の充実）

⑥　「実施するために何が必要か」（学習指導要領等の理念を実現するために必要な方策）

　これらを踏まえ，2017年3月に学校教育法施行規則を改正するとともに，幼稚園教育要領，小学校学習指導要領及び中学校学習指導要領を公示することとなった。小学校学習指導要領は，2018年4月1日から第3学年及び第4学年において外国語活動を実施するなどの円滑に移行するための措置（移行措置）を実施し，2020年4月1日から全面実施することとしている。また，中学校学習指導要領は，2018年4月1日から移行措置を実施し，2021年4月1日から全面実施することとしている。

（2）改訂の要点（同解説2頁，3頁，6頁，7頁）

1）改訂の基本的な考え方

> ア　教育基本法，学校教育法などを踏まえ，これまでの我が国の学校教育の実践や蓄積を生かし，子供たちが未来社会を切り拓くための資質・能力を一層確実に育成することを目指す。その際，子供たちに求められる資質・能力とは何かを社会と共有し，連携する「社会に開かれた教育課程」を重視すること。
>
> イ　知識及び技能の習得と思考力，判断力，表現力等の育成のバランスを重視する平成20年改訂の学習指導要領の枠組みや教育内容を維持した上で，知識の理解の質を更に高め，確かな学力を育成すること。
>
> ウ　先行する特別教科化など道徳教育の充実や体験活動の重視，体育・健康に関する指導の充実により，豊かな心や健やかな身体を育成すること。

　この改訂の基本方針のもと，総合的な学習の時間の改訂についての基本方針を「総合的な学習の時間においては，探究的な学習の過程をいっそう重視し，各教科等で育成する資質・能力を関連付け，実社会・実生活において活用でき

るものとするとともに，各教科等を越えた学習の基盤となる資質・能力を育成する」と示した。

　これまでの学習指導要領改訂において，各学校で育成する資質・能力について示しているが，2017年の改訂において，さらに「育成を目指す資質・能力」の明確化を示したことを受け止めるとともに，主体的・対話的で深い学びの実現に向けた授業改善（アクティブ・ラーニングの視点に立った授業改善）の推進，そのための各学校のカリキュラム・マネジメントを推進することを求めたのである。

　2）目標の改善
　・　1）の基本方針のもと，総合的な学習の目標は，「探究的な見方・考え方」
　　　を働かせ，総合的・横断的な学習を行うことを通して，よりよく課題を解
　　　決し，自己の生き方を考えていくための資質・能力を育成することを目指
　　　すものであることを明確化した。
　・　教科等横断的なカリキュラム・マネジメントの軸となるよう，各学校が
　　　総合的な学習の時間の目標を設定するに当たっては，各学校における教育
　　　目標を踏まえて設定することを示した。

　3）学習内容，学習指導の改善・充実
　・　各学校は総合的な学習の目標を実現するにふさわしい探究課題を設定す
　　　るとともに，探究課題の解決を通して育成を目指す具体的な資質・能力を
　　　設定するよう改善した。
　・　探究的な学習のなかで，各教科等で育成する資質・能力を相互に関連付
　　　け，実社会・実生活のなかで総合的に活用できるものとなるよう改善した。
　・　教科等を超えたすべての学習の基盤となる資質・能力を育成するため，
　　　課題を探究するなかで，協働して課題を解決しようとする学習活動や，言
　　　語により分析し，まとめたり表現したりする学習活動（比較する，分類する，
　　　関連付けるなどの，「考えるための技法」を活用する），コンピュータ等を活用

して，情報を収集・整理・発信する学習活動（情報手段の基本的な操作を習得し，情報や情報手段を主体的に選択，活用できるようにすることを含む）が行われるように示した。

・　自然体験やボランティア活動などの体験活動，地域の教材や学習環境を積極的に取り入れること等は引き続き重視することを示した。

・　プログラミングを体験しながら論理的思考力を身に付ける学習活動を行う場合には，探究的な学習の過程に適切に位置づくようにすることを示した。

（3）総合的な学習の時間で目指す資質・能力

同解説（8頁）第2章「総合的な学習の目標」第1節「目標の構成」第1に教科目標を示している。

第1　目標

　探究的な見方・考え方を働かせ，横断的・総合的な学習を行うことを通して，よりよく課題を解決し，自己の生き方を考えていくための資質・能力を次のとおり育成することを目指す。

⑴　探究的な学習の過程において，課題の解決に必要な知識及び技能を身に付け，課題に関わる概念を形成し，探究的な学習のよさを理解するようにする。

⑵　実社会や実生活の中から問いを見出し，自分で課題を立て，情報を集め，整理・分析して，まとめ・表現することができるようにする。

⑶　探究的な学習に主体的・協働的に取り組むとともに，互いのよさを生かしながら，積極的に社会に参画しようとする態度を養う。

この目標は，最初に総合的な学習の特質を踏まえた学習過程の在り方を示し，

次に総合的な学習の時間を通して育成を目指す資質・能力を(1)(2)(3)として示した。

なお，各教科等も育成を目指す資質・能力を「知識及び技能」「思考力，判断力，表現力等」「学びに向かう力，人間性等」と示している。

総合的な学習の時間において，その特質に応じた学習の在り方を意識することが大切なこととなる。すなわち，以下のとおりである。

(1) 探究的な見方・考え方を働かせること

　課題設定，情報の収集，整理・分析，まとめ・表現を繰り返すなかで，物事の本質を見極めようとする一連の営みを重視することである。

(2) 横断的・総合的な学習を行うこと

　児童生徒が，各教科等で身に付けた資質・能力を活用して課題解決に取り組むようになり，また，総合的な学習の時間で身に付けた資質・能力を各教科等の学びに生かすことができるようにすることである。

(3) よりよく課題を解決し，自己の生き方を考えていくこと

　児童生徒が各教科等で身に付けた資質・能力を活用し自分との関わりに意識しながら粘り強く課題解決に向かう取組であり，この探究過程を通して，児童生徒が自らの生活や行動の在り方を考えることができるようにすることである。

少子化，高齢化が進み，グローバル化，技術革新等による社会構造や雇用環境が大きく変化するなかで，これからの社会を生きる子どもたちが，持続可能な社会の担い手として，個人の有能性を発揮し社会の発展につながる新たな価値を生み出すことができるよう，学校教育において子どもたちが夢や希望をもって生きていくことができるようにする「生きる力」を育成することが強く求められるのである。

第3章
小中学校・地域にみる「宇治学」の意義と可能性

　学校教育における総合的な学習の意義については，第2章において述べてきたが，では，宇治の各小中学校が取り組む「宇治学」には，どのような意義があるのか，本章にて明確にしていく。

　宇治市立小学校22校，宇治市立中学校7校が小中一貫教育の特色ある教育活動として，総合的な学習を「宇治学」と位置付けて「宇治で学ぶ」「宇治を学ぶ」「宇治のために学ぶ」をコンセプトに学習を展開している。2008年1月の中央教育審議会の答申において，以下の3点が指摘された。

①　総合的な学習の時間の実施状況を見ると，大きな成果を上げている学校がある一方，当初の趣旨・理念が必ずしも十分に達成されていない状況も見られる。また，小学校と中学校とで同様の学習活動を行うなど，学校種間の取組の重複も見られる。

②　こうした状況を改善するため，「総合的な学習」のねらいを明確化するとともに，子どもたちに育てたい力（身に付けさせたい力）や学習活動の示し方について検討する必要がある。

③　「総合的な学習」においては，補充学習のようなもっぱら特定の教科の知識・技能の習得を図る教育が行われたり，運動会の準備などと混同された実践が行われたりしている例も見られる。そこで，関連する教科内容との関係の整理，中学校の選択教科との関係の整理，特別活動との関係の整理を行う必要がある。

　さて，上記①②③で指摘したように，趣旨・理念を達成するための目標や内

表1-1 「宇治学」副読本の各学年単元題材・テーマ

学年	重点単元の題材・テーマ	内　　容
3	宇治茶のステキをつたえよう	宇治茶と茶文化
4	発見‼「ふるさと宇治」の自然を伝えよう	自然環境や生活環境
5	「ふるさと宇治」をすべての人にやさしいまちに	地域福祉・ノーマライゼーション社会
6	「ふるさと宇治」の魅力大発信	地域の良さ，歴史・史跡・伝統文化等や観光
7 (中1)	命　そして「ふるさと宇治」を守る 〜私たち中学生としてできること〜	災害時の対応や災害に強い宇治市
8 (中2)	「ふるさと宇治」と生きる 〜これからの自分の生き方を考える〜	職場体験学習を中心にしたキャリア教育
9 (中3)	「ふるさと宇治」の未来 〜私たちができること〜	将来の宇治市への提言

容，学習活動の示し方を明確にすること，学校種間の重複した取組の改善を図ること，児童生徒に付けたい力を明確にすること，各教科等と総合的な学習の関連の改善を図ること，また，中学校においては，選択教科や特別活動の関係の整理を行うことが求められた。これらの改善点を踏まえ，宇治市教育委員会，宇治市立小中学校，京都文教大学と地域が協働して，宇治に生きる児童生徒にこれからの「知識基盤社会」の時代に重要となる思考力，判断力，表現力等の資質・能力を身に付けさせるための地域協働型教材開発を行い，各学年ごとに重点単元と内容を示し，授業改善を図ることとした。

　各学年の重点単元と内容は，表1-1（再掲）のとおりである（本書第1章第2節(2)より）。

1　小学校での総合的な学習における「宇治学」の意義
―思考ツール活用による授業改善―

(1)主体的・対話的で深い学びの視点からの授業改善

「主体的な学び」（「小学校学習指導要領解説総合的な学習の時間編」111頁，112頁，文部科学省，平成29年7月）とは，学び手の児童が学習に積極的に取り組むとと

もに，学習過程における成果や課題について振り返りながら，児童の「次の学びに向かう態度」が育つ学びである。探究的な活動を通して，新たな学習課題を見出していく。この営みを繰り返すとき，児童は，学習対象を自分との関わりのなかに引き込み課題解決に主体性を発揮していく。また，その探究過程を通して，様々なことを知るなどの概念を獲得していく。「宇治学」副読本とその指導の手引きでは，児童の主体性を引き出す学習プロセスを例示している。教師による通り一遍の指導に陥らないように授業改善を示唆している。

　「対話的な学び」とは，他者との協働や外界との相互作用を通じて，自らの考えを広げ深める学びである。友達同士で対話的・協働的に取り組むとともに，地域の人々や専門家とも積極的に関わることを促している。そうして，自らの考えを広げ深めていくのである。「宇治学」副読本とその指導の手引きに示したこの探究活動では，双方向性のある対話を通して，多様な情報を得て考えるための技法，いわゆる思考ツールの有効な活用例を例示している。情報が可視化されることで，児童自ら学ぶとともに他者と学び合う具体的な姿が映し出されていく。対話的な学びを通して，児童一人ひとりが思考力，判断力，表現力等を身に付けることを示唆している。

　「深い学び」の視点においては，「宇治学」の学びの探究過程が各教科等で身に付けた「知識及び技能」や「思考力，判断力，表現力等」の資質・能力を活用した学習場面との出会いを示唆している。この探究過程を通して得た「知識及び技能」は，各教科等で得た「知識及び技能」と関連付けられて概念化され，さらに「思考力，判断力，表現力等」が各学習場面で汎用的に活用されていく。

　そのため，「宇治学」副読本とその指導の手引きにおいては，学びを深めるための単元構想の視点を，以下の4つに示している。

①　探究的な学びにするための学習過程の工夫

②　協働的な学びをつくるためのグループ交流の工夫

③　宇治の歴史，伝統や文化，環境保全，地域福祉，地域防災（減災），地域産業等に携わる専門家の人々と関わる工夫

④　考えたこと伝えたいことの発信の工夫

「宇治学」副読本とその指導の手引きの有効な活用による授業改善を図ることにより，宇治に生きる児童が，学びに向かう力，人間性を涵養していくことに期待ができる。なお，単元構想の詳細については，第5章にゆずる。

（2）児童と地域をつなぐ

「宇治学」では，地域に根ざした教材を開発するとともに，児童生徒に地域の人々の暮らし，伝統や文化などの地域や学校の特色に応じた課題の探究を促している。宇治には「宇治ならでは」のよさがあり特色がある。伝統や文化が受け継がれ，後生に伝えようとする人々の思いや願いに接したり，宇治の気候や風土を生かした特産物などを製造したりする人々と関わりながら，よりよい郷土づくり，郷土愛を育むことができる。

低学年生活科を通して，学校を取り巻く身近な環境からスタートした郷土学習をもとに，第3学年では，社会科との関連を図りながら「宇治茶と茶文化」を学習対象としている。宇治の風土を生かした「宇治茶と茶文化」の直接体験を繰り返す探究活動は，生活と密着したお茶を自分との関わりのなかで意識し，「宇治茶と茶文化」についての視野を広げていく。また，宇治に宇治茶があるように，他の地域にもその地域の風土に合ったお茶があることに関心をもつであろう。「宇治茶や茶文化」に対する見方・考え方の目を養い，「宇治茶や茶文化を受け継ぎ守り育てようとする人々」との出会いから，児童がその人々の思いや願いに触れ「宇治茶や茶文化」に愛着や誇りをもち，宇治に対する郷土愛をもつようになる。

第4学年では，学校を取り巻く身近な地域の自然環境，生活環境から宇治の環境を学習対象としている。身近な地域の自然環境や生活環境に関心をもち，宇治の自然環境や生活環境に対する見方・考え方の目を養い，自然環境や生活環境に自ら働きかける実践力が身に付いていく。身近な自然環境，生活環境にある諸課題を自己の生き方との関わりで考え，よりよい解決に向けて地域社会に働きかけ行動していくことに期待ができる。こうした課題解決型の学習は，従来の各教科等の枠組みのなかでは必ずしも適切に扱うことはできないし，各

教科等の学びを横断的・総合的に働かせることによってはじめて効果を発揮することができる。このように，第4学年「宇治学」副読本，及び指導の手引きの有効活用により，児童の実践力が身に付くことに期待ができる。

　第5学年「宇治学」では，福祉の視点から障がいがある人の気持ち，思いや願いに寄り添った直接体験を繰り返しながら「地域福祉・ノーマライゼーション社会」に対する見方・考え方の目を養い，「地域福祉・ノーマライゼーション社会」に関わる諸課題を自己の生き方との関わりで考え，住みよいまちづくりにしていくための社会参画，社会貢献が期待できる。「地域福祉・ノーマライゼーション社会」に関わる課題解決の大切なポイントは，諸課題を自分のこととして捉え，考えたことや伝えたいことを発信して終わるのではなく，障がいがある人々の思いや願いに寄り添った行動ができるようになることである。第5学年「宇治学」の探究活動を繰り返すことにより，「地域福祉・ノーマライゼーション社会」に向けた社会参画，社会貢献する児童の姿が期待できる。

　第6学年「宇治学」では，第3学年，第4学年，第5学年の学びを踏まえ，さらに「宇治の歴史や文化，自然」に関わる課題の探究活動を通して，「ふるさと宇治」の魅力を再発見し，考えたことや伝えたいことを「宇治の魅力」として発信していく。宇治市には世界文化遺産に登録された寺や神社があり，また，伝統文化や伝統芸能，地域の産物を生かした特産物や工芸品，歴史や民話などが数多く存在する。児童が第5学年まで積み重ねた学びをもとに，さらにそれらに関心をもって，歴史や由来を調査したり，それらを支えている人々との関わりを通して，宇治市の伝統文化や伝統芸能，特産物や工芸品に対する思いや願いに触れていく。そこには，「宇治の歴史や文化，自然」に携わる専門家との協働的な探究活動が期待できる。

　「宇治学」においては，結果をまとめて発表するだけでなく，実際に足を運び納得や実感を伴った直接体験を繰り返しながら，児童が「ふるさと宇治」のよさに気付き，宇治への誇りと愛着を感じ取っていく。地域住民や働く大人たちの姿を通して，これからの自分の生き方について考える機会となる。このように，「宇治学」における郷土学習の取組は，地域の人々との関わり，協働的

な探究活動を繰り返していくという点でたいへん意義深いものと考えることができる。

（3）義務教育9年間の学びをつなぐ

　本章の冒頭において，中央教育審議会答申（2008年1月）から総合的な学習の課題として3点を指摘したが，その内の1つである学校間，学校種間の取組上の課題がある。小学校の学びが中学校の学びに真に生きて働くことが大切である。

　学習対象，学習活動の取組そのものの重複が，それまでの学習を発展させ深化させる目的やねらいをもって意図的・計画的に探究活動を繰り返すのであれば問題はないが，下学年で何を学習対象とし，どのような学習活動を行い，児童生徒がどのような力を付けてきているのかを意識することなくテーマを設定していないか，検討する必要がある。そうしたことを踏まえ，「宇治学」においては，第3学年（小学3年）から第9学年（中学3年）の発達段階に即して学びを系統的に捉え，学習対象や学習活動，学習内容などを提示している。また，第3学年からの「宇治学」を支えるためには，小学校低学年の「生活科」の充実が欠かせない。生活科で学ぶ郷土学習を通した学びの充実が，この「宇治学」に生かされることになるからである。

　生活科は，人や社会及び自然を一体として身近な地域の素材を対象にした学習を展開していく。生活科の学びの充実は，「宇治学」だけでなく第3学年からの社会科や理科に生かされることになる。また，郷土に愛着をもち，宇治に育つことを誇りに思うとともに，児童自身が自らの生き方を重ねて常に自分自身に問いかける児童生徒を育てることになる。生活科からスタートした郷土学習が問題の解決や探究的活動を通した「宇治学」に発展・継承されることで，児童の主体的・対話的で深い学びが育まれることになる。9年間の一連の営みが児童生徒の自尊感情をいっそう高め，他者を思いやる精神を育てることになり，「宇治学」の成果が期待できる。

（4）教師と児童生徒をつなぐ

　第2章第3節でも述べたので繰り返しになるが，総合的な学習では，「教師は教える」「児童は教わる・教えられる」から「児童生徒が自ら学ぶ」ことをより意識する必要がある。教師は，児童生徒に付けたい力を見通して単元を構想するが，教師自らも，学校を取り巻く環境を通して探究的に学ぶことが大切である。生活科や総合的な学習において求められる学習素材は地域に求められ，机上で済ますことはできない。実際に地域に出て情報収集しなければ郷土学習における意図的・計画的な学習は成り立たない。「宇治学」では，郷土学習を探究的に進めるための参考となる具体的な内容を提示している。「宇治学」の学習指導においては，副読本やその指導の手引きの有効活用により，教師も児童生徒と一緒に郷土学習に汗して楽しむことを大切にしている。児童生徒に「活動させる」というよりも，時には児童生徒と一緒になって探究活動を楽しむことで，教師自身も地域の人々の思いや願いに触れたり，児童生徒の考えを受け止めながら探究活動を進めていくことを促している。

2　中学校での総合的な学習における「宇治学」の意義
──教科書にない地域で探究する学習──

（1）中学校における総合的な学習の目標

　「総合的な学習」における目標は，小学校とすべて同じ文言となっている。そのため目標に関する記述はここでは省略するが，中学校段階に求められてくるのは，目標の冒頭にある「探究的な見方・考え方を働かせ」ていくことであり，総合的な学習の時間の中核部分といえよう。

　探究的な学習とは，「物事の本質を探って見極めようとする一連の営みのことを意味しており，この探究のプロセスを支えるのが探究的な見方・考え方であり，各教科における見方・考え方を総合的に活用して，広範な事象を多様な角度から俯瞰して捉え，実社会・実生活の課題を探究し，自己の生き方を問い続けること」と捉えている。

　学習指導要領では，すべての教科等の目標で資質・能力を，①「知識及び技

能」，②「思考力，判断力，表現力等」，③「学びに向かう力，人間性等」の3つの柱でまとめられているが，そのうちの②「思考力，判断力，表現力等」は探究の根幹に当たるものといえる。②は「実社会や実生活の中から問いを見出し，自分で課題を立て，情報を集め，分析してまとめ・表現することができるようにする」としている。

　これまでの中学校での取組のなかで，総合的な学習の課題は探究のプロセスに関する視点で，「整理・分析」「まとめ・表現」に対する取組が十分でないという課題がある。とくに自ら課題を立てることや情報を分析することは，そのような機会を持たなければ育成することが難しい学習といえる。

　高等学校では「総合的な探究の時間」と名称が変わるように，探究を進めることは高校での学びの連続性を保証することにもつながる。

　ところで中学校における探究的な活動の実態を表した資料として，図3－1のベネッセ教育総合研究所による学習指導に関する実態調査（2018）がある。社会科の学習で探究型の学習活動をどの程度実施しているかの問いである。

　この調査からわかることとして，レポートを作成したり発表したりといった活動は，各学校で着実に増えていることである。これは思考力・判断力・表現力の弱さを補うために各校で求められた「言語活動の充実」が背景にあると考えられる。一方で，学校外での体験活動としてのフィールドワークについては7割以上の学校で実施されておらず，レポートによる文献を使用した調べ学習で授業時数が確保できない状況と推測される。

　もうひとつ，探究活動の取組が不十分であることがわかる資料として，生徒が身に付けている資質・能力について，知識理解に比べて，「課題追究に必要な技能」「社会的な思考力・判断力・表現力」「社会的に探究しようとする態度」が半分以下という結果になっている（図3－2）。

　この結果からわかることは，各教科の学習だけでは探究的な活動が不十分であり，学問を深く追究することが総合的な学習で求められているといえる。教科の学習がやや表面的なもので終わるのに対して，総合的な学習では「物事の本質を探って見極めようとする一連の知的な営み」により，学問を深めること

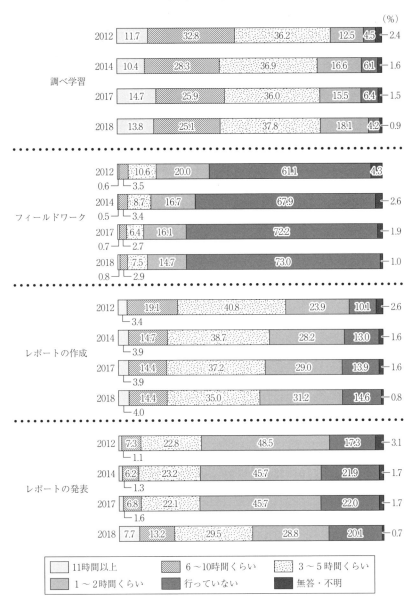

図3-1　テーマを設定し探究する学習に関する年間の取り組み状況

(出所)　「中学校の学習指導に関する実態調査報告書2018」(ベネッセ教育総合研究所) より。

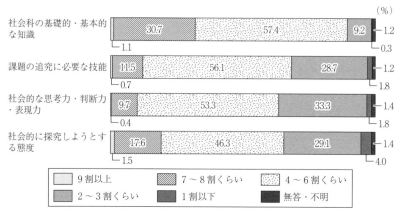

図3-2 満足できる水準の能力・態度を身に付けている生徒の割合
(出所)「中学校の学習指導に関する実態調査報告書2018」(ベネッセ教育総合研究所)より。

が期待できる。

　筆者は，別の市で教鞭をとる中学校教員に聞き取り調査をした。その際に，問題解決型の学習に取り組むメリットとして，「教科書にない教科横断型の学習内容や地域の教材等をまとめて時間を取ることができる」という総合的な学習に対する好意的な意見を得ることがあった。教科での学習で教員も物足りなさを補完し，人間が本来もつ知的好奇心をかき立てる点が，総合的な学習の存在意義といえよう。

(2) 中学校における総合的な学習の実態と課題

　ところで中学校の現場では，総合的な学習について，学習指導要領等に記された趣旨や理念が十分に達成できていないという指摘は多くある。

　中央教育審議会の教育課程部会では，総合的な学習の課題について，下記の4点を指摘している。

① 総合的な学習の時間と各教科等との関連が不十分な学校がある

　　総合的な学習の時間における取組と各教科等とが，どのように関連しているかを意識せずに取り組んでいるため十分な効果が得られていないこと。

②　学校により指導方法の工夫や校内体制の整備等に格差がある

　　総合的な学習の時間の指導方法が個々の教師任せになったり，学校全体で取り組む体制が整っていないなど，学校によって差があること。

③　探究のプロセスの中で「整理・分析」，「まとめ・表現」に対する取組が不十分である

　　児童生徒が自分の考えを整理して，それをもとに分析し，わかりやすくまとめ，発表したり発信したりする取組が十分でない。

④　社会に開かれた教育課程の実現に向け，実社会・実生活にかかる課題をより積極的に取り扱うことが必要

　野口（2017）の調査では，中学校への聞き取り調査で，次の問題点の指摘をしている。

①　全体計画やカリキュラムの未整備

・　内容の調整が甘いため3年間の系統性が見えない

・　育てた資質や能力及び態度を次の学年に受け継がせることができていない

②　教師の単元開発や指導面に関する力量の不足

・　総合的な学習が得意な教師は充実した実践をしているが，教師により実践の差が大きい

・　総合的な学習の授業のイメージが教師に不足している

・　単元を進めていくときに，地域や生徒の実態から徐々にかけ離れる

③　総合的な学習の趣旨に対する不十分な理解

・　教科のスキル学習等，補助的な学習に使われている

・　特別活動との違いがわからず行事の準備となっている

とくに③については，遠藤（2017）も同様に調査をしている。それによると学生が中学時代の総合的な学習を振り返るアンケート調査で，「中学校において最も印象に残っていた活動」に「学校行事の準備」（22%）が挙げられ，さらに目標認識の有無についても認識率が14.3%と，学校独自の目標設定の意義

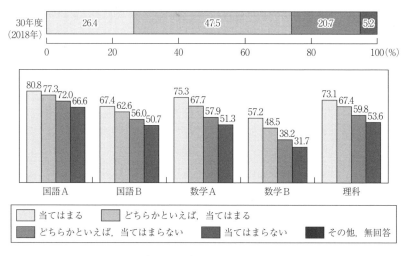

図3-3　「中1，2年に受けた授業で課題解決に向け自分で考え取り組んだ」
と答えた生徒の回答率

（出所）　文部科学省「全国学力・学習状況調査」（平成30年）より。

が生徒に伝わっていないことの問題がある。

（3）意外と知られてない総合的な学習の教育効果

　次に総合的な学習と学力との関係を探ることとする。

　OECD（経済協力開発機構）が3年に1度実施しているPISA調査（国際学習到達度調査）は，日本をはじめとする先進国を中心に，各国の教育政策に大きな影響を与えている。統括するアンドレアス・シュライヒャーOECD教育・スキル局長は，過去15年間で日本の学力が向上したことは総合的な学習の成果としている。ただし，シンガポールや上海などの日本より上位の地域では，探究的な学習を日本以上に優先して行っていると指摘している。また，総合的な学習における関連付けて学ぶことの重要性を説き，たとえば数学の学習時に理科や社会の知識と結び付けて理解したり，日常生活での使い方を考えたりすることが学力アップの鍵としている。とくに最高難度の問題では，新しい知識を既知の知識や他分野の知識・情報，体験などに結び付けることにより，理解も深

まり，記憶の定着も促される。

　それらを裏付けるのが，文部科学省が全国的に子どもたちの学力状況を把握する「全国学力・学習状況調査」の中で，質問紙の回答と問題の正答率のデータをクロス集計した結果（図3-3）であり，学習状況の把握・分析から様々な事象が検証されている。

　総合的な学習に関係することでいえば，学級やグループで話し合う活動や探究活動などを積極的に行った学校ほど，教科（特にB問題の知識の活用を問う記述式問題）の平均正答率が高い傾向が見られる。

（4）先進的取組をしている学校例──「探究」活動を中心に

　筆者の個人的印象として，総合的な学習の先進校は，国立大学附属校か，過疎化が進んだ地域の学校（次世代の担い手育成という使命）のいずれかという印象がある。次に，数ある先例のうち，探究に力を入れている信州大学附属松本中学校の事例を紹介したい。

1）学校の概要

信州大学附属松本中学校

授業者：北原遼司教諭（2017年当時　中学2年）

単元名：「浅間温泉まちおこC　浅間温泉に，いらっしゃ〜い！！」

　学校目標は「たくましく心豊かな地球市民」として，ユネスコスクールにも認定され，ESD（Education for Sustainable Development，持続可能な開発のための教育）についての取組もさかんである。当校では，心身ともにたくましく，心が豊かで，国際的・地球的な視野をもち，かけがえのない生命と地球を守り，社会・人類の幸福に尽くすことができる人間の育成を目指すとしている。そのような地球市民の育成のためには，「主体的に学ぶ」生徒であることが必要であり，総合的な学習を大切にしてきた経緯がある。

2) 総合的な学習の特徴

教科横断的な探究学習活動では，中学生が地域支援の担い手として自覚をもって，その解決に取り組む等，社会参画の実践力を育む学習プログラムが開発されている。

① 実社会とつながり行動する態度の育成

（例：浅間温泉の再興を目指して自ら動き出して活動する姿）

② 批判的思考力の育成

（例：再興のためのプログラム作りの過程における問題解決を図る姿）

③ 未来像を予測した計画力の育成

（例：浅間温泉の方の思いを汲み取りながら地域の方と協働して企画する姿）

地域支援の担い手になるために，「様々な人とのかかわりのなかで学ぶ」ことが挙げられる。地域の方々をはじめとした外部講師との出会いをさかんに行い，本物に触れ，自分の世界を広げている。そのために，教員も事前に地域住民と接して何度も足を運び，反対に地域の方も学校に行って授業を行うなどという点は，宇治学が目指す方向に非常に一致しているように思えた。

3) 授業見学と授業研究会

筆者が見学した授業では，大音寺山の地域おこしの継続について，クラスで話し合われた。この学習の取組の最大の特徴は，地域の活動を振り返り，クラス討議による深い追究を行っている点である（図3-4）。

具体例をいくつか示すと，まず，「浅間温泉そのものは悪くないのに，なぜ人が来ないのだろう」という疑問を持つなかで，生徒たちが自らの感覚と現状の差を感じていた。一方で，時間が経過するごとに他人事だった浅間温泉を身近に感じる気持ちの変化も見られた。生徒たちの多くは松本市以外から通学する者も多いなかで，町に対する愛着が生まれ，身近な地域となっていった。

また，1年半の活動後「自分たちの浅間温泉活性化って，本当に今，浅間温泉の方々の役に立っているのか」という疑問をもつ生徒が現れた。これをきっかけに，「まちおこし」の言葉の重さを感じ，活性化の活動が浅間温泉の一部

図3-4　公開授業時の教室掲示
（出所）　筆者撮影（2017年11月）。

の人だけでなく多くの人を巻き込んだ活動にする必要性を感じる考察に至っている。

　その後，大音寺山の里山保全やトレッキングを行うなかで，訪れた人が楽しめるようにハンモックを作ったり，高齢者のために杖を作ったり，案内のために看板を作ったりしたが，「自分たちが卒業した後はどうなるか，壊れたら誰が責任をとるのか」という疑問から，自己満足に終わらない持続可能な里山づくり，ビジネスとしての里山づくりの必要性を考え，それに至るまでには，地理的分野で学んだ徳島県上勝町の「葉っぱビジネス」とのリンクをさせて考察した。「葉っぱビジネス」とは，里山の葉っぱや花を収穫し，料理の"つま"として出荷することで，町に新しい産業を築き，高齢者の就業を促すビジネスモデルである。ここでは，観光・まちづくりについて3年間の継続的な学習が非常に高度で深い学びにつながっているといえる。

　総合的な学習の地域研究は，地域の人と関係をもたずに，学校内だけで調べて発表して終わることが多い。しかし，この取組では，浅間温泉に携わる方が

経験の蓄積にとっても必要なプロセスだと考えられる。

　ただ個人の経験は簡単に一般化することはできない。そこで出会う問いに対してすっきりとした答えを得られるとも限らないし、そもそも模範解答が存在するわけでもない。そのため授業運営としては課題設定や学習過程の展開も含めて定型がなく難しいと感じる教員も多いのではないだろうか。しかしこのような「正解が一つとは限らない課題」に向き合うことのできる新たな教育モデルを考えるのが、まさに今の時代に求められる「総合的な学習」である。

　STEAM 教育（科学 Science, 技術 Technology, 工学 Engineering, 芸術 Art, 数学 Mathematics）の重要性が指摘されているなか、「何を覚えるか」ではなく「どう学ぶか」が重要だとして、日本の STEAM 教育に不足する 4 要素である「言語（ロジック化など）」「物理（もののことわり）」「数学（統計的分析やプログラミング）」「アート（審美眼、文脈、ものづくり）」の 4 領域を往き来する学びが必要になるという指摘もある（落合、2018、144-153頁）。

　また、「Learning over Education（学びは教育を超える）」（佐藤、2018、39-42頁）と表現されるように、単なる科目学習と直結させるばかりでなく、生涯学習社会に対応した学びが、これからの社会の学びを牽引する。それらを支える様々な変革は、デジタルテクノロジー、教育の仕組み、イノベーションを包括する「EdTech」と総称されるようになっている（佐藤、2018、44頁）。

　これらのように、社会や世界の動向に対応した学習を具体的に進めることができるのが、宇治学なのである。

（3）地域課題や行政計画との関連性や相乗効果 [(3)]

　当初から、宇治学の取組の必要性は、学校現場においてのみ認識されたのではなかった。教育を取り巻く社会状況、宇治の地域の現状のなかで、今後の社会を担う人材育成を急務とみなす議論が、宇治市の今後のまちづくり・地域づくりを議論する場でもしばしば話題になってきた。

　筆者自身が参画する宇治市の行政計画関連の会議においても、地域の担い手育成（＝教育）は重要課題として強く認識されてきた。そういう意味でも、宇

治学の取組は単に副読本作成をゴールとするものではなく，総合学習という学校教育の1科目を活用しながら，将来の宇治を担う人材を育成することをめざすという画期的な取組となる可能性を有している。

　教育委員会と連携した共同研究および副読本作成にあたっては，宇治市の将来にとって非常に重大な局面を迎える時期であり，だからこそ様々な地域課題や各種の行政計画などと有機的に結びつく形で計画され実践されなければならないと考えた。ここではそれらの関連する計画をいくつか紹介しながら，宇治市にとっての「宇治学」の重要性を再確認したい。

　1）歴史と文化のまちづくり：地域に対する愛着と誇りを生み出す
　宇治市が策定した『宇治市教育振興基本計画（平成26～33年）』では，今後宇治市が取り組む教育のビジョンを示しているが，そこでは教育理念として，「家庭・学校・社会でささえる宇治のひとづくり・まちづくり」が挙げられている。そして目指す人間像としては，「宇治の自然，歴史，文化を守り育て『ふるさと宇治』をつくる人，地域や社会と協働し，世界に誇る『あすの宇治』をつくる人」とされている。

　このように地域に愛着と誇りをもちながら，世界に発信できる人材が，現在宇治市が推進している歴史まちづくりや観光振興の分野においても求められている。宇治の歴史・文化を継承し，さらにその価値を向上させ，未来につないでいくための文化庁，農水省，国交省所管の「歴史まちづくり法」に基づく法定計画である『宇治市歴史的風致維持向上計画（平成24～33年）』は，まちづくりのための総合政策であり，地域資源の発掘と価値付けやブランド化が不可欠となっている。宇治市の歴史文化を継承し，内外に守り伝えていくためには，それらの価値を理解し発信できる人材を育てていかねばならない。

　「宇治茶に染める観光まちづくり・みんなで淹れるおもてなしの一服」と冠した『宇治市観光振興計画（平成25～34年，前期5年，後期5年)』においては，住民協働による観光振興（＝観光まちづくり）を基調とし，宇治市にとっての成長点である「観光」をトータルなまちづくりの契機とすることをめざしている。

さらに，宇治は世界遺産を有するグローバルな観光地であり，その価値を内外に発信すると共に，海外からの来訪者にホスピタリティをもって接することのできる人材が求められている。そのためには，地元宇治や日本はもちろんのこと，世界各地の文化・言語などを学ぶ，またそれ以前にそういった事柄に対する興味や関心を持てるような教育により，ローカルとグローバルの両方の感覚を理解する「グローカル人材」を育てなければならない。これらの取組の基礎を築き，より実践的に磨くのが「宇治学」の取組なのである。

　2）少子高齢化とコミュニティの衰退
　他の地方と同様に，宇治市の将来にとって，人口減少と少子高齢化が深刻な状況である。さらにそれに伴って，地域でのコミュニティ活動に様々な課題が生じている。町内会・自治会の加入率が低下し，役員の負担感が重く，役員のなり手不足に陥っている町内会・自治会もある。共働き家庭が増加するなどライフスタイルの変化などもあり，地域活動やそれらを担う組織のあり方の見直しや工夫が求められている。
　『コミュニティ活性化推進検討委員会提言（平成27年3月）』では，上記のような具体的な課題に加えて，「子どもの頃からの地域との関わりが重要」であり，「地域の一員としての自覚と経験」を持てる機会を創出し，次世代のコミュニティ活動の担い手育成をすることが不可欠であるという認識を示した。
　宇治学では，地域での支え合い，防災の取組における地域コミュニティの役割の重要性，産業構造やコミュニケーション技術や自然環境の変化など，働き，暮らす場としての地域の変化や重要性に関わる多種多様な課題に対して，様々な角度から児童生徒の現在のそして将来のふるさととなる宇治という地域についての学びが組み込まれている。
　一人ひとりが地域の担い手としての意識を持てるような総合学習。このように自覚をもった市民を育てる「シティズンシップ教育」的な目標を達成できれば，市民活動やコミュニティ活動の将来の担い手を少しでも多く育てることができるかもしれない。

（4）「宇治」という学習フィールドの豊かさ

「総合的な学習・宇治学」の最大の強みは，しっかりとした「場所」（＝「ふるさと宇治」）が，学習フィールドとして共有されていることである。答えの出にくい問いや正解のない問いに対峙する時，その対象や場所までもが抽象的だと教育プログラムを設定することは児童生徒にとって大変わかりにくい結果になってしまう。

また流動的社会に日々生きており不安や不安定さを抱えている児童生徒にとって，「今，ここにある」確かなものとしての「ふるさと宇治」，そこにある豊かな地域資源や人々の笑顔が学習教材だとすると，安心して学習に取り組むことができ，学習動機の源泉としても抵抗なく向き合えるものになるであろう。

さらに，学習成果を還元する場や対象のイメージも明確に描くことができ，「これをやって何になるか」と不安を抱きながら「やらされている」という状況で学ぶことを回避することができるのではないだろうか。一言でいえば，手応えや実感ある学びの場としての「ふるさと宇治」の存在は，「総合学習・宇治学」の基盤となるものである。

そして，その「ふるさと宇治」は，古来より現代まで重層的に積み重ねられてきた人々の営みを今も活き活きと実感することができる素晴らしい魅力あふれる地域である。世界に誇れる地域資源を有し，多くの外国の方々が訪れ，世界規模で活動する企業も多い。ローカルな場のなかにグローバルな扉が開いている，現代世界における総合的な学習のフィールドとしても，理想的な地域といえるであろう。

一方宇治市は，近代さらには戦後においても，まちとしてそれぞれの時代において段階的に発展を遂げ現在に至っている。そのため，市内の地域特性が学区単位で異なり多様になっている。このような多様性を内包していることは，同じ市内でありながら同時に学区ごとの差異を比較対照することによって学び合い，またそれらの違いを尊重し合うことを可能にする。これらの学びは，身近なところから，ダイバーシティに満ちた現代社会に対応する感性を育てることに結びつくであろう。

ただ一方で，「宇治」について知識が十分ではなく，指導に不安を感じる教員もいるはずである。また，地域によって，住民同士また学校と住民同士の関係性は異なるし，新たな地域課題について取り組もうとすればするほど，各種資料や地域資源の所在を確定することが困難になることが予想される。

　そのため宇治学では，指導の手引きの充実を図り，なかでも授業や活動に活用可能な多種の情報源の充実に努めた。宇治学の学習を担当することを通じて，教員にも宇治についての見識を深めてもらえることを意図している。というのは，教員自身が宇治市在住や出身でなくとも，それを強みとして捉えることもできるからである。「外からの視点」「内からの視点」，その往復運動でしかみえてこない地域の姿や将来像がある。その地域の過去と現在の姿，そして変わり行く方向性なども含めて，子どもたちとともに楽しみ，考えていくことができれば，変化する時代のなかで，活き活きと宇治という学習フィールドの魅力を生かした教育が実践できると考えるからである。

（5）保護者が学校に期待すること

　2012（平成25）年5月に発表された『宇治市教育振興基本計画策定のためのアンケート調査集計報告書』によると，小中学校の保護者は，以下のようなことを学校に期待している。まず，「各教科における基礎・基本の確実な定着」（61.5％），さらに「発展的・応用的な学習の充実（子どもたちの能力・適性，興味・関心に応じ，広げる・深める・進める学習）」を望む保護者も半数以上いる（53.2％）。しかし大学などのアクティブ・ラーニングで重視されている，「課題解決的な学習の充実（子どもたちが自ら課題を発見し，解決方法を考え，課題を追究しながら進める学習）」を望んでいる保護者は，43.7％に留まっている。

　一方，「表現力やコミュニケーション力を身につける教育の充実（54.7％）」や「地域との連携や地域の多様な人材の活用（58.4％）」を希望している保護者の割合は高い。

　さらに，家庭，学校，地域の役割分担を尋ねた問いでは，小学生の保護者も中学生の保護者も，「生まれ育った地域を愛する心を育てる」のは，主に家庭

（47.1%，41.6%）だが，それを補うのは学校（31%，29.2%）と考えている。「自発的に行動する意欲を育てる」については，小学校の保護者では，家庭49.8%で，学校44.4%で同じくらいだが，中学校の保護者は学校54.1%，家庭39.7%で，学校に期待する割合が高くなってきているのが特徴的であった。

　以上のように，2012（平成25）年当時の宇治市の保護者は，「学力」定着を主に希望していた。もちろんそれは当然の期待ではあるが，これからの時代で伸びていく力を育てるために，保護者が求める以上に学校は先見的に，社会が必要とする，あるいはこれからの時代を生き抜くための子どもたち自身が考え行動できる能力を身に付けさせる，あるいはそのような方向性への動機付けを可能とする学習方法を提案していかねばならない。

　地域の課題を発見し自分のふるさとへの愛着を深めるには，家庭，学校，地域の連携が必要とされる。そのためにまず学校教育から「宇治学」を始め，子どもを中心に据えながら，第1章でも述べられた「コミュニティ・スクール」としての学校が家庭や地域をつないでいく，そのような役割を学校教育が果たせるとしたら，宇治の教育の未来に大きな一歩となるはずである。

　2018（平成30）年12月に発行された「宇治市の教育だより」には，同年6月から7月にかけて，宇治市内32校で実施され児童生徒2692人，保護者2210人から回答を得た「小中一貫教育についてのアンケート結果（概要）」が掲載されている。

　そのなかで，「地域に根ざした教育活動」を肯定的に捉える割合は，2013（平成25）年度が45%だったものが，53%（2015），51%（2016），66%（2017），64%（2018）と上昇している。とくに宇治学の副読本が導入された2017（平成29）年度には，前年の51%から15%も上昇した66%という高い数字を示している。これは，宇治学副読本新規導入が大きな話題になっただけでなく，その取組が初年度から保護者の高い評価を得たことを示しているのではないだろうか。

　さらに，「地域，PTA・育友会との連携」した取組についての肯定的評価も，2013（平成25）年はわずか27%で，その後も26%（2015），25%（2016）と伸びなかったが，副読本が導入された2017（平成29）年には，一気に41%に増加し，

翌2018年にも39％という高い割合を維持している。これらの数字は，副読本導入によって明確に可視化された「宇治学」の取組が，地域と学校を結びつける役割を果たしたことを示しているといってよいのではないだろうか。そして，そのことを保護者も肯定的に評価しているのである。

（6）地域協働型学習「宇治学」の実践にむけた体制構築

　宇治学の副読本および指導の手引きが完成した今後，それらを用いた授業実践についてどのようなサポート体制を構築できるかが重要になる。

　教員個人の努力や工夫を，教員個人のもののままに留めるのではなく，学校単位，また学校を超えて共有する仕組をどのように作れるかが重要になってくるだろう。また先述したコミュニティ活動の調査でも明らかになったのは，宇治市内の地域ごとの多様性である。これを学校教育の文脈で置き換えると，学区ごとの多様性ということになるかもしれない。教員にとっても，子どもたちにとっても，宇治市内の内部に存在する地域多様性に触れるため，学区ごとの個性を生かしながらも，共有・交流する仕組みが必要となるであろう。

　また，保護者アンケートでも高く評価された，宇治学を通じた地域，PTA・育友会との連携は，宇治学の取組を充実したものにするためには不可欠なものであり，そのことの充実が翻って，宇治学を通じた地域学校協働学習の推進に結びつくことになるのではないだろうか。

　ただ時代の変化は速い。副読本や指導の手引き作成が終わった途端に，副読本の内容修正が必要になるほど時代が先行してしまうかもしれない。それほど現代は，不確定でありかつめまぐるしいスピードで変化している。宇治の歴史が様々な変遷を遂げつつも重層的に蓄積してきたように，宇治学の内容も時代に応じて，あるいは時代の先を展望して，柔軟に対応できれば，次世代に残る取組になっていけるはずである。そして，そのような先進的で意欲的な教育を，地域で協働して推進していくことができるならば，間違いなく宇治市は次世代に継承される未来あるまちとなるであろう。

注

⑴　本節の内容は，宇治学副読本指導の手引きの巻頭に寄稿した教員向けメッセージ「地域の未来をつなぐ教育：「宇治学」にできること」に加筆修正した部分がある。

⑵　文部科学省読解力向上プログラム。http://www.mext.go.jp/a_menu/shotou/gakuryoku/siryo/05122201/014/005.htm（平成31年1月19日）参照。

⑶　本項の内容は，橋本祥夫，森正美他5名（2016）「官学連携による「宇治学」副読本作成と現場での活用に関する研究1」『人間学研究』16号，15-37頁を元に，本書に合わせて加筆修正したものであり，一部内容が重複している。

第4章
「宇治学」の学び方

---

1 フィールドワークの理論と方法

（1）文化人類学的フィールドワークの手法

1)「あるものさがし」のフィールドワーク

　文化人類学のフィールドワークというと，ここではないどこか遠いところ，それも，自分たちの生まれ育った文化とは大きくへだたった異文化の世界で実践する，特殊な調査研究手法だと思われがちである。けれども，身近なところでも，フィールドワークを生かすことはできる。

　また，フィールドワークは，特殊な教育を受けた専門家にしか実践できないものではない。現場で経験を積み，コツを身につければ，だれでもが実践できる，ひらかれた探求の手法である。

　文化人類学的フィールドワークが得意とするのは，「あるものさがし」である。遠い異国の奇妙な事物や風習も，その土地に住む人にとっては「あたりまえのようにそこにあるものごと」だ。私たちは，身の回りにあたりまえのようにあるものごとのおもしろさに，気づいていないことが多い。というより，そもそも存在することにさえ，気づいていないものごとが，少なくない。

　「ふるさと宇治」といえば，思いつくのは宇治茶，平等院。それだけ？　あとは？　何にもない……。では，平等院も茶畑もない校区の学校では，どうすればいいのだろうか？　そこで「ないものねだり」するのではなく，「あるものさがし」をする。フィールドワークの出番である。

2）歩　く

　フィールドワークは，歩くことから始まる。歩くことで，さまざまなもの・こと・ひとに出会う。「あるもの」を見つけるためには，「まず歩け」である。足取りも軽く，さっそうと歩くこともあれば，とぼとぼと，重い足を引きずって歩くこともある。夏は暑いし，冬は寒い。雨が降ればぬれる。けれども，というか，だからこそ，歩けば五感がフルに動き出す。

　歩くと気づくのが，微妙な高低差だ。なぜここは周囲より少し高くなっているのか。自然の地形によるものなのか，人為によるものなのか。こうした疑問を掘り下げれば，地域の歴史が姿をあらわす。

　雨の日に歩けば，路面を水が流れてゆくのに気づく。雨水はどこから流れてきて，どこへ流れてゆくのだろうか。こうした疑問から，防災や，河川の流域と環境について考えることへと発展させることができる。

　鳥の声や虫の音が耳に入ってくる。注意して耳をすますと，思いのほか，鳥や虫の種類は多い。町中にも豊かな自然が存在するのだ。自然観察は，探究的な学習の王道のひとつである。人工的な音も含め，音と地域，社会の関係をさぐる「サウンドスケープ」という手法もある。

　においにも敏感になる。季節の草花のかぐわしさ。車の排気ガス。ゴミステーションのすえたようなにおい。夕方ともなれば，料理のにおいが漂ってきて，この家の今夜の夕食はカレーかな，などと想像力をかきたてられる。サウンドスケープならぬ，「スメルスケープ」である。

　地域の人と出会えば，あいさつをかわす。そうした地域とのつきあいが，探究的な学習をささえる人の輪につながっていく。

3）見　る

　歩いていると，いろいろなものごとが目に飛び込んでくる。けれども，目に飛び込んでいるのに，見えていないものごとは多い。

　ものごとを「見る」ために大切なのは，好奇心を持ち，「おもしろがる」「事実に驚く」という態度だ。「あたりまえのようにあるもの」は，ついつい見逃

しがちになる。だからこそ，キョロキョロ見回し，気になったものを見つけては，じっくり見る。そして，どこが気になったのか，考えてみる。そこにはかならず「？」があり，「！」があるはずである。

　コツのひとつは，「視野の片隅にある何か」をのがさないということだ。「あれ？　何か気になるな」という感覚は，視野の真ん中ではなく，片隅で生じることが多い。それをスルーせず，立ち止まって焦点を当て，じゃまくさがらずに近づいて見る。

　もう一つは，虫の目と鳥の目を意識するということだ。まずは近づいて，よく観察する。細部が見えてくる。次に距離を取って，ながめる。全体の中の位置，配置が見えてくる。カメラやスマホで撮影するときも，ひとつの対象に近づいて１枚，引いてもう１枚と，心がけたい。

　4）聞　く
　フィールドワークでは，インタビューをすることが多い。インタビューについては，多くのガイド本があるが，ここではポイントを３点にしぼって，みていきたい。

　第１に，先入観を捨てること。私たちは，ついつい思いこみで人に接しがちである。一人暮らしのお年寄りはさびしいにちがいない。障がい者はかわいそう。しかし，決めつけた態度でインタビューに臨んでも，「こちらが期待していたとおりの答え」しか得られない。

　第２に，相手を尊重しつつ，対等の立場で聞くこと。相手に「話させる」という傲慢さが問題なのはいうまでもない。かといって，「お話を聞かせていただく」ことを意識するあまり，卑屈な態度になってしまうのもよくない。

　第３に，事実に即して具体的に聞くこと。「最近，商売はどうですか？」といった漠然とした聞き方より，「最近のお客さんがよく買うものは何ですか？」「これはどこから仕入れますか？」など，事実と経験を，なるべく具体的に聞くようにしよう。

5) 立場を変える

フィールドワークの手法のひとつに，「参与観察」がある。参与観察とは，調査対象となる社会の一員として生活することによって，その社会を内側から観察する研究手法である。文化人類学では，言語の習得や人間関係の構築から始まり，行事に参加したり，仕事を習ったりしながら，長期間にわたって参与観察を実践する。

もちろん，児童生徒が校内で長期間にわたる参与観察を実践するのは無理なことだ。けれども，参与観察を「立場を変えて，ちがった視点からものごとを観察すること」だと考えれば，校内でもいろいろと試みることはできる。

たとえば，子どもが先生になってみる。教室を教壇の側からながめるだけで，いくつもの発見があるはずだ。あるいは，アリになったつもりで，校舎の中を歩き回る。アリにとって階段は，どんなふうに体験されているのだろうか。

私たちは，知らず知らずのうちに，自分の役割や立場，自分の慣れ親しんだ見方にとらわれている。そして，それ以外の見方があることを忘れてしまいがちである。けれども現実には，ひとつのものごとが，人によってまったく別の意味を持っている。その意味のちがいが，対立や紛争を生むことも少なくない。参与観察は，そうした対立や紛争を解決できるわけではないが，対立する意見にも耳を傾ける大切さを教えてくれる。

6) 重ねる

フィールドワークによる発見も，単発では，ただ「おもしろかった」で終わってしまう。その先の比較，分析，考察へと導くためには，「重ねる」ことが必要だ。このことを，事例，時間，空間という3点からみてみよう。

事例を重ねるとは，何かひとつに対象をしぼり，なるべくたくさん，徹底的に観察するという手法である。観察した事例が多数集まってくれば，分類したり，統計をとったりして，さらに探究を深めることができる。

たとえば，マンホールのふた。毎日踏みつけていることさえ意識しないほど，注目されない存在だが，実に奥深い世界がそこにある。マンホールのふたを見

れば，その機能やそれを設置した事業体，設置された時期がわかる。学校の周囲のマンホールのふたを数多く観察することで，地下利用の実態と歴史までわかるのである。

　一度に観察できる事例が多くなくても，変化や傾向をとらえることはできる。それが，時間を重ねる，繰り返すという手法である。とくに場所を固定し，時間をおいて，同じ観察を繰り返すことは，「定点観測」と呼ばれる。

　毎日，決まった時間に，決まった位置から，決まった画角で，決まった場所の写真を撮影する。これを一定期間継続すれば，季節や曜日による変化をとらえることができる。多くの人が集まる場所，たとえば駅前や繁華街を定点観測撮影できれば，人間行動の法則性が解明できるかもしれない。

　一方，空間を重ねるというのは，異なる対象の観察結果を，ひとつの地図上に重ねて分布を見るという手法である。

　たとえば，ゴミがよく捨てられている場所，ゴミステーションの設置場所，街灯の設置場所を重ねてみる。そこから，ゴミのポイ捨てを防ぐための手だてが浮かび上がってくるのではないか。

7）地元は宝の山

　以上にみたように，フィールドワークはけっしてむずかしい手法ではない。シンプルで，だれにも開かれた手法である。したがって，子ども一人ひとりに，その子にしかできないフィールドワークがある。学力の高い子が，いいフィールドワークをするとはかぎらない。また，教師という立場では発見できないものごとを，子どもが発見することも多いことだろう。

　「あるものさがし」とは，「ただの風景」「ただの町」「ただの人」の貴重さに気づくことだ。あるものさがしに取り組むことで，教師も児童生徒も，校区に多くの宝が埋もれていることに気づく。「地元は何もないからつまらない」のではなく，「地元には宝の山がある」。そのことに教師が気づくことは，地元を大切に思える子を育てること，ひいては教育を地元に還元することにつながる。

　地域に根ざした教育活動を実践し，児童生徒が自ら調べ考える力を育てるう

えで，フィールドワークという手法は大きな可能性を秘めているのである。

（2）学校におけるフィールドワークの実践

1）フィールドワークの教育効果と課題

　実体験としてのフィールドワークが教育効果の高いことは感覚的に理解できるが，その教育効果を具体的に論じた研究を紹介したい。

　まず，学校外におけるフィールドワーク（地域調査）の意義について，池（2012）は，「学習意欲を高め学習課題をもたせやすいことや，地域的特色をつかむ方法を習得しやすく他の地域を学ぶ際の比較するためのものさしを形成できること，さらに，子どもの貧弱化した原体験を補完しうること」としている。松岡（2012）は，現実の地域の中では，自然的，社会的，歴史的諸事象が切り離されずに総合的に存在しており，児童生徒の直観や体験がものごとを総合的関連的に捉える機会となり，思考力を養う機会になるとしている。また井出・山下（2009）は，中学1年の社会科地理で学習内容を等しくし，フィールドワークの実施をするクラスとしないクラスを設け，フィールドワークが生徒に及ぼす影響について比較調査した。その結果から，「さらなる学習意欲の喚起」とともに「地域を見る視点の変化」をもたらしたとしている。

　次に，フィールドワークの実施率はどの程度だろうか。一般的に授業時間を弾力的に使用できる小学校のほうが中学校より実施率は高いと言われている。宮本（2009）は宮城県内の公立中学校107校にアンケート調査をした結果，フィールドワーク実施校の割合が4分の1程度であったと指摘している。それらの回答の半分近くが長期休暇中や放課後などの正課内活動でない時間に行っていることからも，実施率はきわめて低い状況といえる。

　では，学校でフィールドワークが実践されない原因は，どこにあるだろうか。松岡（2012）による考察では，フィールドワークの実施を阻んでいる要素として7つの問題点を挙げているが，ここでは4つに絞ってみたい。

① 　カリキュラム上の問題…とくに中学の場合は入試対策の必要などから授業時数が不足し実施時間が確保できない。また，学校外に出る場合，少な

くとも2コマ連続の授業が必要である。さらに，規模の大きな学校の場合，一度に学外に出れば支障が出る。

② 実施・運営上の問題…生徒を校外に連れ出すことの生徒指導上の問題や複数教員による引率体制を取ることが難しい。

③ 指導者の資質・能力…若年の指導者の場合，総合的な学習の内容を把握していない。また着任間もない場合は学区の地域の特徴などを知らない。

④ 内容上の課題…地域に目立った事象が少なく何を見つければいいかわからない，フィールドワークのまとめ方がわからない，苦労して実施した割に内容も成果もない（同じ時間をかけるなら教室で学習したほうがよっぽどよい）等。

　この課題を克服するために必要なことは次の2つであろう。その1つは教員が学区の地域を理解することである。フィールドワークの時間がとれない場合でも，別の目的で地域に出かけることを最大限活用したい。たとえば，学校では家庭訪問（児童生徒所在地調査）の機会や地域の祭礼時の巡回等の業務がある。その場面を児童生徒の個々の状況把握にだけ留めず，複数教員で地図を持って巡回し，写真を撮り，気になる箇所を書き込むなど，生活圏の総合的な把握の機会として積極的に活用したい。その蓄積は，各教科の学びで具体例として関連付けながら説明できることにもなるからである。

　もう1つとして，学年で1年間実施した宇治学の実績を，学校の財産として次の学年に引き継ぎ，先任者の教材をストックすることで効率よく学習を進めることである。

2)知的好奇心をくすぐる楽しいフィールドワークを

　次に，フィールドワークに出て楽しい学びにつながった事例を紹介したい。

　井出・山下（2009）による佐賀県小城市立三日月中学校の実践では，ふだん見過ごしている風景の中に意味を見出すことを目的にフィールドワークを行った。教師主導で，地名の由来や稲作，クリーク，神社（伝統行事）等の情報に

図 4 - 1　大久保小学校
　　　　　前にある「宇
　　　　　治川ノ碑」
（出所）　筆者撮影（2015年）。

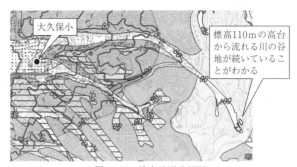

大久保小

標高110mの高台
から流れる川の谷
地が続いているこ
とがわかる

図 4 - 2　治水地形分類図
（出所）　国土地理院　地理院地図　大久保小付近の治水地形分類図より。

関する説明を聞きながら現地を歩いた。その際に，1 人の生徒が墓地に着目す
る。水田地帯に点在する墓地は地形図では確認できず，その分布の原因を追究
しようと課題設定した。教師は事前に準備していない内容であったが，生徒の
追究を見守る。生徒が終始受け身にならないためには，教室内の授業でも，何
となく目にするいつもの風景を見る目をふだんからいかに養うかであろう。

　静岡県富士宮市立内房小学校での実践は，過疎地の小規模校ならではのもの
であった。3 年生が，学校前の通りのバス停にベンチを作って地域の人に喜ん
でもらおうとしたところ，ある日突然バス停がなくなったことから探究が始ま
る。古いから取り替えたのではないか，他のバス停も調べてみようと子どもた
ちが考え，調査が始まる。地域の人が困っているのではないかとインタビュー
すると，路線バスがなくなっても不便だと困っている人は 1 人もいない。地元
の交通対策課の方に問い合わせると，学校に来て「利用者が少なかったからバ
スを廃止してタクシーにした」と説明してくれた。しかし，再び地域の人にイ
ンタビューをすると，タクシーを使用している人は 1 人もいなかったことがわ
かる。子どもたちはタクシーの便利さを伝えるために，パンフレットを作成す
る。このように，バス停がなくなったという偶然が，少子高齢人口減少社会の
現状を調べていくきっかけとなり，深い探究の学びにつながった事例である。

　最後の 1 つは宇治市立大久保小学校の事例である。ただしこれは，大久保小

校区で行われた夏季教員研修におけるフィールドワーク講座の1コマである。大久保小学校区は中宇治からも宇治川からも遠く，名所といえる有名な場所もない。先生方がグループでフィールドワークを始めると，川の氾濫を残す碑を見つける（図4-1）。周囲に川がないのに不思議と思いながら歩き続けると，道端で会った地元の高齢者に話を聞くことができた。それによると，高台に向かう1本道は住宅地として開発される以前は川であって現在はその姿も形もないことを知る。後日，治水地形分類図（図4-2）でも，大きな谷地だったことがわかった。

　意外な事実と偶然に出会えるのがフィールドワークの醍醐味である。

2　思考ツールの理論と方法

（1）思考ツールの意義と理論

　小学校学習指導要領（平成29年告示）解説総合的な学習の時間編（平成29年7月）第4章の第2節「内容の取扱いについての配慮事項」の(2)において，次のように示している。

---

(2)　探究的な学習過程においては，他者と協働して課題を解決しようとする学習活動や，言語により分析し，まとめたり表現したりするなどの学習活動が行われるようにすること。その際，例えば，比較する，分類する，関連付けるなどの考えるための技法が活用されるようにすること。

　すなわち，第1に，探究的な学習過程において，他者と協働して解決する学習活動を行うこと，第2に，言語により分析し，まとめたり表現したりする学習活動を行うこと，第3に，この学習活動においては，「考えるための技法」の活用を促したのである。学習過程において，児童生徒に意識的に活用させる

ことによって，総合的な学習だけでなく，他教科等にも活用できるようになり，思考力や判断力，表現力等を育成していくことになる。また，他教科等で活用した「考えるための技法」が，総合的な学習に積極的に活用されることが期待できるのである。したがって，この「考える技法」の活用については，他教科等のどの場面でどのように具体的に活用するかがポイントにもなってくる。

このことは，同解説第5章4「考えるための技法の活用」(82-86頁)において，児童生徒が考える際に必要となる情報処理を「比較する」「分類する」「関連付ける」などの場面において，「考えるための技法」を活用し具体化していくことを示している。「考えるための技法」，いわゆる思考ツールの有効な活用を総合的な学習や他教科等の目指す資質・能力の関連を図りながら学習展開を工夫することで，「情報の整理・分析」の過程における思考力，判断力，表現力等を育成するという意義を見出すことができる。また，児童生徒の思考の流れが可視化され，児童生徒の考えを共有することもできる。

(2) 思考ツールの方法と実践

1) 課題設定の場面で主に活用できる思考ツール

「ウェビングマップ (イメージマップ)」(図4-3) は，考えを広げるときに適した思考ツールである。中心にトピックやテーマを置いて，それに関連するものを連想して広げていく。さらに関連するものを二重，三重に広げていってもよい。

「何を書くべきか」気にしないことが重要である。発想を広げて，通常なら書かれないことが，ものの見方を柔軟にしてくれる。

活用例としては，第3学年で「宇治茶のいいところはどこだろう」と考えさせたり，

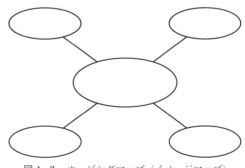

図4-3 ウェビングマップ (イメージマップ)

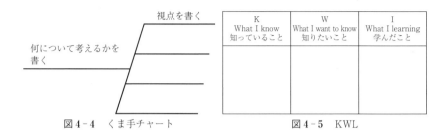

	K What I know 知っていること	W What I want to know 知りたいこと	I What I learning 学んだこと

視点を書く

何について考えるかを
書く

図4-4　くま手チャート　　　　　　　　図4-5　KWL

第6学年で「『ふるさと宇治』の魅力って何だろう」と考えさせたりするとき
に使う。

　「くま手チャート」（図4-4）は，多面的に見るときに適した思考ツールであ
る。くま手の絵には考えるトピックを書き，くま手の歯には，視点を割り当て
て，それに対応することを書く。どのような視点を設定するかは，授業の意図
によって異なる。視点を自分で設定させたりグループで考えさせたりすること
が望ましい場合もある。

　活用例としては，見学・体験活動で，どのようなことを調べればいいのかを
考える場面で使う。

　2)情報収集の場面で主に活用できる思考ツール
　KWL（図4-5）は，これからの学習を見通したり評価したりするときに適
した思考ツールである。Kは知っていること，Wは知りたいこと，Lは学んだ
ことを表す。学習の始めに最初の2つを記入し，終了時にLを記入する。学習
に向かう際に既有知識・既習事項を自覚させることで，学習効果を高めるとと
もに，何を学習したか振り返ることができる。また，学習の流れについて意見
をつくることにもつながる。

　活用例としては，学習の導入で，学習対象について何を知っているのか，何
を知らないのかを整理してみる場面で使う。

　マトリックスチャート（図4-6）は，変化を捉えたり，関係付けたりすると
きに適した思考ツールである。2つの視点（縦軸と横軸）を立てて整理するた

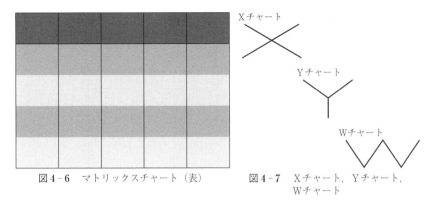

図 4-6　マトリックスチャート（表）　　　図 4-7　Xチャート，Yチャート，
　　　　　　　　　　　　　　　　　　　　　　　　Wチャート

めに用いる。表を作った後は，縦軸と横軸がどのように関係するのかを見つけ
出すことが重要である。

　表のどこかに特徴的なことはないか，書かれている内容や量に偏りはないか，
特徴的な部分は行や列の項目と関係はないかなどに注目することから意見を作
ることができる。

　活用例としては，インタビューの結果をまとめたり，地域の特徴をまとめた
り，これからの学習で必要なことを挙げたりする場面で使う。

　3) 整理・分析の場面で主に活用できる思考ツール

　Xチャート，Yチャート，Wチャート（図 4-7）は，多面的に見たり分類し
たりするときに適した思考ツールである。X，Y，Wの文字によって区切られ
た領域に，それぞれ「見た感じ」「聞いた感じ」「触った感じ」や「人」「もの」
「こと」などの視点を割り当てて，対象を「多面的に見る」ときに使う。視点
を自分で設定させたりグループで考えさせたりすることが望ましい場合もある。
観察するときに，どのような視点が重要かに意識を向けることができる。

　活用例としては，第8学年の学習で，仕事について知りたいことや各事業所
が大切にしていることを整理する場面で使う。

　PMI（図 4-8）も多面的に見るときに適した思考ツールである。Pはプラス

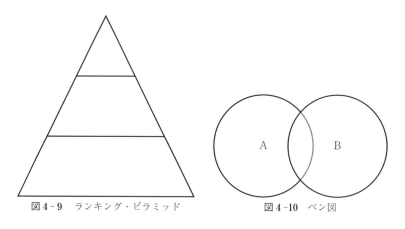

P Plus よいところ	M Minus 悪いところ	I Interesting おもしろいところ

図4-8　PMI

図4-9　ランキング・ピラミッド　　　　　図4-10　ベン図

（長所・メリット・よいと思ったこと），Mはマイナス（短所・デメリット・悪いとこ
ろ），Ⅰはインタレスティング（関心事や疑問）を表し，それぞれのセルに，対
象についての該当事項を記入する。Ⅰは長短どちらも判断できないことや疑問
などを書けばよい。Ⅰに書いたことから，また新しいプラスやマイナスが生み
出されることがある。

　活用例としては，見学してわかったことをまとめる場面で使う。

　ランキング・ピラミッド（図4-9）は，焦点化したり，抽象化したり，構造
化したりして内容を絞り込むときに適した思考ツールである。一番下に，持っ

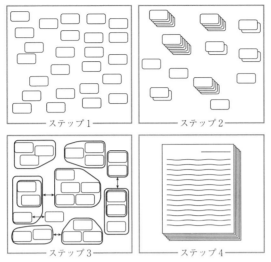

図4-11 KJ法

ている情報や意見をなるべくたくさん書き込む。そのなかで，重要だと考える
ものをいくつか選んで上の段に書き直す。さらに最も重要だと考えるものを最
上段に書き入れる。段を上がる時に，いくつかの情報や意見をグループにして
まとめたものを書きこんでもよい。取捨選択と統合によって，混沌としていた
情報を絞り込んで整理していく。

　活用例としては，第6学年で，平等院に，多くの観光客が訪れる理由を考え
る場面で使う。

　ベン図（図4-10）は，比較したり分類したりするときに適した思考ツールで
ある。AとBを比較するとき，円の重なり部分に両者と共通する特徴，重なっ
ていない部分に，Aだけ，あるいはBだけに見られる特徴を書く。ものを特徴
によって「分類する」ときにも利用できる。Aの特徴とBの特徴をもつかどう
かを基準にする。

　活用例としては，第6学年の学習で，外国人と日本人が感じる宇治の魅力は
何かを考えたり，第8学年の学習で2つの会社の共通点や相違点は何かを考え
たりする場面で使う。

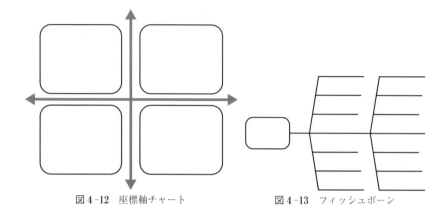

図 4 -12　座標軸チャート　　　　　　　　図 4 -13　フィッシュボーン

　KJ法（図 4 -11）は，たくさんの情報を分類するときに適した思考ツールである。まず，ブレインストーミングでテーマについて思いつくものをカードにできるだけたくさん書いていく。次に，グループで話し合いながらカードを分類する。そして，分類したまとまりに名前を付ける。最後に，分類した結果から，テーマについてどのような傾向が見られるのかを話し合う。

　活用例としては，第 3 学年の学習で，宇治茶のよいところを話し合ったり，第 6 学年の学習で，地域の行事のよいところを話し合ったりする場面で使う。

　座標軸チャート（図 4 -12）は，2 つの軸を立てて対象を位置付けることによって物事を整理するために使う。例えば「長所⇔短所」という軸を立てると，どれくらい長所か（短所か）という程度を考慮することになる。軸の端の方では何かの程度が大きくなり，反対方向ではそれが小さくなるというようにイメージできるようにする。

　活用例としては，第 6 学年の学習で，地域の行事をずっと続けていくために，自分たちにできることを考えたり，第 4 学年の学習で，環境を守るために自分たちにできることを考えたりする場面で使う。

　フィッシュボーン（図 4 -13）は，主に，結果を生み出す要因を洗い出して，そのどこをどのように変えればよいかなどを検討するときに使う。頭の部分に望ましい結果や意見を書き入れる。中骨には，その結果（意見）に影響すると

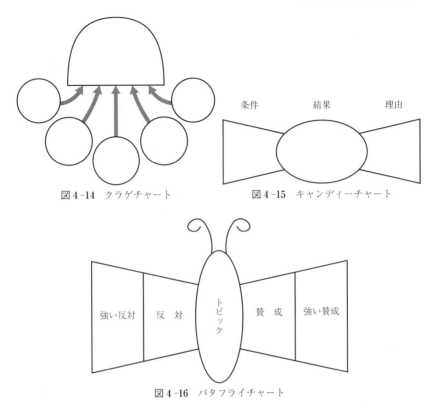

図 4 -14　クラゲチャート

図 4 -15　キャンディーチャート

図 4 -16　バタフライチャート

考えられる要因を書き入れる。小骨には，それぞれの要因が具体的にどのようなことを含むかが書き込まれる。

　活用例としては，第6学年の学習で，より多くの観光客に来てもらうための対策を考える場面で使う。

　クラゲチャート（図4-14）は，主張の論拠や根拠を見つけ「理由づける」ときに使う。頭の部分に主張を書きこみ，なぜそれが言えるのかを，文章，資料などから探して足の部分に記入する。頭の部分には，対象に対してどのように感じているかが書かれ，足の部分には，そのような価値観をもつことにつながった経験などが書き込まれる。

　活用例としては，第4学年の学習で，きれいな川を守るためにできることを

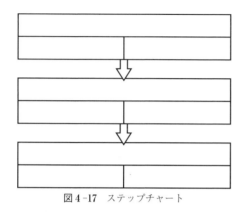

図4-17　ステップチャート

考えたり，第8学年の学習で，伝統産業を守り発展させていくためにできることを考えたりする場面で使う。

キャンディーチャート（図4-15）は，条件（もし〜が〜だったら），結果（〜なる），理由（なぜなら〜だからだ）という形で，仮定に基づいて結果を「見通す」ことや「推論する」ことをうながす。結果はキャンディの本体部分に記入する。推論の方向性を，リボンが狭くなることが表している。

活用例としては，第7学年の学習で，災害時に，もし，中学生が○○しなかったらどうなるだろうと考える場面で使う。

バタフライチャート（図4-16）は，構造化するときに適した思考ツールである。トピックについて，強い賛成，賛成，反対，強い反対の4つの段階で主張を書き入れる。自分自身の考えを整理しても，みんなの意見を整理してもかまわない。重要なのは，どちらの意見も階層化されていることである。賛成・反対に対して，強い意見とはどのような意見か，それをもつのはなぜか，等を検討することをうながすことになる。その位置づけについて議論することもできる。

活用例としては，第9学年の学習で，政策を提案するときに，賛成と反対にはどのような意見があるのかを考える場面で使う。

4）まとめ・表現の場面で主に活用できる思考ツール

ステップチャート（図4-17）は，意見や主張を「順序立てる」ときに使う。自分の考えを伝える場合，どのような順序で伝えればよいかを計画するときに使える。

矢印は順序を表すが，時間，重要度，話の流れなど，様々に設定できる。また，物事の「変化を捉える」ために，状態の推移を表すこともできる。

活用例としては，第9学年の学習で，自分の行動計画を，いつ頃に取り組むのか，すぐにできることから順に書き出し，企画提案書を作成する手順を考える場面で使う。

以上のように，思考ツールは学習内容や児童生徒の実態に応じて様々な活用ができる。ここで紹介した思考ツールの活用場面や活用例以外の使い方もできるし，ここで紹介した以外の思考ツールもある。

3　見学・体験活動の理論と方法

（1）見学・体験活動の意義と理論

1）経験の質を重視した活動

従来から，学校現場における，見学・体験活動といえば，施設や工場などを訪問し学習する「社会科見学」，社会科見学的な要素を含む場合とそうでない場合があるが集団で目的地に赴き学習する「遠足」，さらに宿泊を伴う「修学旅行」など様々な形態で実施されてきた。

これらの見学・体験活動では，事前の目標設定や下調べなどの準備を踏まえ，訪問先での情報収集などを伴う学習が可能になる。その結果として，特定のテーマや領域についての知識が深まったり，それまでの認識が変化したりすることなどが期待されている。

しかし，最近では事前準備の作業においてもインターネットの活用などが当然になっていることは言うまでもなく，児童の日常の感覚としても，様々なメディアを通じた情報によって，まだ訪れたことも見たこともない事物に関しても「知っている」「わかっている」という感覚が生じがちである。言い換えれば，ただ直接何かを見るだけでは，メディアを通じた既視感が妨げになり，事物についての思考や考察を深めようとする動機付けを得たり，眼前の対象についての関心を深めたりすることが難しいこともある。

そのような状況を打破するためには，見学・体験活動における「経験の質」の向上が重要になるのではないだろうか。教員は，対象との関係性や，見学や体験の場における経験の質が向上するように，活動の準備をし，現場では「行動を促す問いかけやアドバイス」を意識して行う必要がある。例えば，インタビューの質問の作り方を教え，質問中の注意やメモの取り方，インタビューをしながら相手の反応や周囲の様子などを観察する方法，観察で気になったことなども追加で質問してみると良いなど，具体的な行動の手がかりになる助言が児童生徒の行動のヒントとなり，行動する前に立ち止まりがちな児童生徒の背中を押すことにつながるであろう。

　さらに，体験を事後に再現可能な経験として言語化できるような振り返りやまとめ学習の充実があってこそ，児童生徒が学習過程を通じて思考を深化させることが可能になる。その際には，見学・体験活動の目的設定に照らし合わせて実施することが大切である。

2) 問いを育てる学びへの転換の必要性
　見学・体験活動の目的設定は，見学したり，体験したりすることそのものではなく，見学や体験はあくまでも手段であり，その手段を用いて何を考えたいのかが重要である。
　最も避けるべきことは，事前に下調べしたことの確認作業に終始するような活動であり，驚きや感動も，気付きも生まれないような活動である。このような活動にならないためには，常に「背景を知ること」を意識化させることを勧めたい。つまり眼前の事象を脈絡化して考察するために，背景情報を意識し，部分と全体の関係性を説明できることを目指すのである。地域を越えた類似事例，あるいは時代軸を遡った事例など，「比較」の視点を組み込むと，さらに背景情報の厚みが増す。背景情報についての目配りを意識化するだけでも，「なぜ？」「どのように？」といった眼前の事実に対する問題意識が自然と生まれ思考や対話が促進されるはずである。

見学・体験活動は,「見えるもの」から「見えないもの」へ,いかに認識論的往還を図ることができるかによって,その深まりが左右されるものであり,ぜひ児童生徒の問いを育てる活動をめざしたい。

3)関係を育てる活動をめざして

地域における学習で,校外に出て,地域の施設や企業,特定の個人などを訪問したり見学することは,児童生徒が地域と向き合うきっかけを提供するだけでなく,訪問される側にとって,また学校という組織にとっても,そして,さらに児童生徒の保護者にとっても,互いが知り合い結びつく契機となる。

特定のテーマについての見学・体験活動を実施する場合に,現場教員が最も悩み困るのは,どこに協力者・協力機関が存在するのかを探索することではないだろうか。教員自身が勤務地域の住人であるとも限らないし,学校でも新規のテーマについて地域情報を十分に持たない場合には,協力者の確保はさらに困難な課題となる。

それでも,実感を伴う体験的な活動や学びを展開しようと思えば,可能な情報収集と既存の関係を生かしながら,新たな関係づくりの展開を模索しなければならない。結果としては,そのような模索の結果,児童生徒にとっても新たな出会いが創出されるばかりでなく,教員や学校,さらに受け入れる地域側にとっても,新たな関係構築が可能になるのである。宇治学の副読本を全市的に導入することで,宇治学副読本や手引き書に掲載されている関係先リストや資料リストなどが提供され,手がかりになることを期待されている。またこれらのリスト作成の過程で,教育委員会にも一定の情報やネットワークが蓄積されているので,現場教員の経験値を広く共有する研修などを実施することでさらなるネットワーク構築が可能になるであろう。

例えば,宇治学初年次にあたる3年生のテーマ「宇治茶のステキをつたえよう」では,宇治茶の基礎知識を学ぶだけでなく,宇治茶生産の現状や課題などについて,産地ならではの直接的な学習が可能になる。さらに,宇治茶を商品化し販売する問屋,客に販売する茶商など,多様な立場の人々の声を直接聞く

ことができる。このような人々との出会いは，地元にいてもなかなか実現するものではないが，宇治学の多角的な視点獲得のための必要性を認識し，宇治学の枠組みを生かし教員自らがネットワーク構築を意識できれば実現可能になる。また地元の茶業関係者にとっても，児童生徒に直接自分たちの思いを語り，自らの課題を伝承し，あるいは相対化する貴重な機会を提供することになるだろう。

　ただ，見学・体験活動において，現場に出かけて直接訪問したり，そのための準備をすること，受け入れる側が児童生徒を受け入れ学校教育に協力することは，大変労力を要することであり，その多大な負担を考え敬遠される場合もある。訪問する側の準備が不十分だと受け入れ側に何度も同じ質問を繰り返したり，わざわざ訪問しなくてもわかるような問いを投げかけてしまうこともある。しかし有意義な質問は，質問される側にとっても自己発見の契機となるので，質の高い見学・体験活動は受け入れ側にも学びや気付きを与える。

　そして繰り返しにはなるが，インターネットなどの情報過多な時代だからこそ，五感をフル稼働して学ぶ身体的関与を伴う見学・体験活動が重要であり，そのように実感を伴う学びこそが，社会に生きる喜びを伝える教育機会を提供できるのだ。同時に，地域の側も，児童生徒という将来の地域の担い手に対して，自らの生活や文化を伝え継承する必要性を認識しながらも日頃はなかなか実現できていない。そこを架橋し，地域と世代のコミュニケーション回路を開く役割が，地域と協働する見学・体験活動には含まれているのである。

（2）見学・体験活動の方法と実践

　「宇治学」では，課題設定に時間をとり，課題設定の段階で，見学や体験活動を取り入れるようにしている。探究的な学習を行うためには，児童生徒が自ら課題意識を持つことが必要であるが，始めから疑問や課題を持つことはできない。児童生徒の学習対象との関わり方や出会わせ方を工夫するために，見学・体験活動を意図的に設定する。自らの身体全体で対象に働きかけ，実感を持って関わっていく活動を行うことで，これから進める探究活動の原動力とな

る課題を設定することができる。

　見学や体験活動は，課題設定の段階だけでなく，情報収集の段階でも必要となるし，課題によっては繰り返し実施することもある。地域協働型学習の情報収集は，地域に出て，地域の人と出会い，地域の人と共に考える学習だからである。課題設定と情報収集では，見学や体験活動の目的や内容が異なる。目的を明確にして実施することが重要である。従来の総合的な学習の見学・体験活動は，それ自体が目的となり，行事化，定例化して，実施するだけでその後の学習に結び付いていないことが見られた。そのようなことがないよう，何のために見学・体験活動を行うのか，児童生徒にも明確な目的意識を持たせて取り組む必要がある。

1) 第3学年　「宇治茶のステキをつたえよう」

　地域に茶畑がある場合は，5月初旬に行われる茶摘み体験を行う。どの学校でも茶摘み体験が行えるわけではないので，共通体験として，お茶を飲んだり，抹茶を点てたりする。その時に，茶道の先生の指導を受け，マナーや礼儀についても併せて指導してもらう。

　歴史と伝統がある宇治茶のすばらしさに気付くことで，「ふるさと宇治」に誇りを持ち，意欲的に学習に取り組めるようになる。

2) 第4学年　「発見!!『ふるさと宇治』の自然を伝えよう」

　宇治市は，東部には笠取山などの山間地帯が広がり宇治川が流れ，西部には巨椋池干拓地があり，農地が広がっている。市の大半は住宅地になっているが，すぐ近くには自然と身近に触れることができる環境がある。しかし，自然が身近にあることに気付いていない児童も多い。

　自然を感じるところにフィールドワークに行き，自然を観察することで，様々な気付きや発見，疑問が生まれる。

3）第5学年　「『ふるさと宇治』をすべての人にやさしいまちに」

　本単元の課題設定では，「すべての人にやさしい」という言葉を「すべての人が幸せに暮らすために大切なこと」と捉え，単にハード面の課題ではなく，ソフト面の課題を設定することができるように構成している。車椅子やアイマスク体験，高齢者・妊婦体験に加え，認知症の人と交流したり手話を学ぶ体験学習を取り入れ，当事者の気持ちや介助者の気持ちを考えられるようにする。これらの体験学習をすべてするのではなく，地域の実態や学校の状況に応じて選択したり重点化したりして行う。

　体験学習を通して，「こころ，気持ち」といったやさしさに児童が気付けるように，指導者は心がけなければならない。

4）第6学年　「『ふるさと宇治』の魅力大発信」

　宇治市は，世界文化遺産である平等院や宇治上神社など，世界的に有名な建物があり，京都府では京都市に次いで2番目の観光都市である。しかし，自分たちが住んでいる地域に目を向けると，意外と知られていない史跡や施設，祭りなどがたくさんあり，地域の魅力に気付いていない児童が多い。世界文化遺産である平等院鳳凰堂の見学を共通体験として行い，宇治市の観光スポットについて理解した上で，自分たちの住む地域に目を向けていく。

　宇治市では，中宇治地域と呼ばれるところに観光スポットが集中している。児童は観光スポットがないそれ以外のところには，魅力がないと考えがちである。フィールドワークの学習を通して，地域で活動している様々な人や歴史，文化に触れ，地域の魅力を発掘していけるようにしたい。

5）第7学年（中学校第1学年）「命　そして『ふるさと宇治』を守る」

　本単元では，「私たち中学生にできること」という副題を付け，自分たちができることを具体的に考えることを通して，「自分事」として課題を設定できるようにしている。ハザードマップをもとに，フィールドワークを行い，地域の危険な場所を調査する。また，災害発生時の避難行動を具体的に考えるため

に，避難所生活を体験する。

　生徒たちが身近なところに視点を置いて課題を設定し，自分たちには何ができるのかを考える経験を通して，社会参画や社会貢献の意識を育てたい。

6）第8学年（中学校第2学年）「『ふるさと宇治』と生きる」

　本単元では，地域の企業の見学，職場体験などを通して，これから生徒自らの生き方を考える学習を行う。企業の見学，インタビューでは，働く人の思いを知り，仕事の意味について考える。職種によって様々な働き方があり，それぞれに働く人の思いや願いがある。それらを感じとった上で，生徒は職業観・勤労観について自分なりの考えを持ち，職場体験を行う。職場体験では，実際に「働く」ことにより，課題に気付けるようにする。

　見学・体験活動を通して，社会の実情をより深く知り，これからの自分の生き方について考え，キャリアデザインができるようにする。

7）第9学年（中学校第3学年）「『ふるさと宇治』の未来」

　本単元では，これまでの「宇治学」の学習のまとめとして，今まで学んできたことを踏まえて「ふるさと宇治」に必要なことは何かを考え，自分たちにできることを企画提案書にまとめる。そのために，宇治市の担当課や地域の企業，観光客などにインタビューをして調べる。

　地域の人との交流を通して，様々な思いや願いに気付き，よりよい「ふるさと宇治」をつくっていくため，自分自身もその担い手になる意識を育てたい。

第5章
全7学年にみるテーマ別の「宇治学」単元構想

1 「宇治茶と茶文化」をテーマに
——第3学年の事例——

（1）「宇治茶と茶文化」の教材化にあたり大切なこと

1)学校教育における地域学習の位置づけ

2008年3月小学校学習指導要領が改訂された。総合的な学習の時間に関する改訂では，総合的な学習の時間編（27頁，文部科学省，2008年8月）第4章「指導計画の作成とその内容の取扱い第1節指導計画の作成に当たっての配慮事項」(5)において，「地域の人々の暮らしと，伝統と文化などの地域や学校の特色に応じた課題」が加わった。それは，児童の発達から考えてふさわしい課題であり，数多くの学校が実践を積み重ねているという全国の取組の実際によるとされる。

2017年7月の小学校学習指導要領（平成29年告示）解説総合的な学習の時間編（26頁，文部科学省）では，第3章第3節「各学校において定める目標及び内容の取扱い」(3)には，以下のように示される。

---

(3) 各学校において定める目標及び内容については，日常生活や社会との関わりを重視すること。

---

(3)に示す日常生活や社会との関わりを重視するとは，第1に実社会や実生活

において生きて働く資質・能力の育成を期待してのことであり，地域に育つ児童にとって実際の生活にある課題に向き合うことを通して育成された資質・能力は実社会や実生活に生きて働くものとなる。第2に日常生活や社会に関わる課題は児童自身との関わりが密接であり，直接体験を伴うことで主体性が期待できよう。第3に地域に学ぶことで地域の様々な人々との関わりから社会参画する意識の情勢も期待できる。

　また，同解説（27頁）(4)において，以下にように示している。

---

(4)　各学校において定める内容については，目標を実現するにふさわしい探究課題，探究課題の解決を通して育成を目指す具体的な資質・能力を示すこと。

---

　(4)に示す目標を実現するにふさわしい探究課題とは，探究的に関わりを深める「人・もの・こと」を示しており，例として「地域の伝統や文化の継承に力を注ぐ人々」「実社会で働く人々の姿と自己の将来」を挙げている。

　さらに，同解説（29頁）(5)において以下のように示している。

---

(5)　目標を実現するにふさわしい探究課題については，学校の実態に応じて，例えば，国際理解，情報，環境，福祉・健康などの現代的な諸課題に対応する横断的・総合的な課題，地域の人々の暮らし，伝統と文化など地域や学校の特色に応じた課題，児童の興味・関心に基づく課題などを踏まえて設定すること。

---

　(5)において目標を実現するにふさわしい探究課題の例として，「地域の人々

の暮らし」,「地域の伝統や文化,学校の特色に応じた課題」として示しているが,これは2008年8月の学習指導要領解説総合的な学習の時間編改訂を継承し,いっそうの充実を図ることを促したといえる。

2)「宇治学」における地域学習の位置づけ

すべての地域社会には,その地域ならではのよさがあり,特色がある。地域の伝統文化や伝統芸能,地域の産物を生かした特産品や工芸品,歴史や民話など,学校を取り巻く地域には多くの優れた素材が存在している。これらの素材を生かした学習活動は,児童にとって具体的であり身近であるため,興味や関心をもちやすい。また,地域の人との関わりも生み出しやすい。

たとえば,京都府宇治市には,世界文化遺産に登録された寺や神社があり,また,古くから伝わる伝統文化や伝統芸能,地域の産物を生かした特産品や工芸品,歴史や民話などが数多く存在する。児童生徒がそれらに関心をもって,それらの歴史や由来などを調査したり,それらを支えている人々に関わりながら,宇治市の伝統文化や伝統芸能,特産物や工芸品に対する思いや願いの聞き取り調査を進めていくことができよう。

結果をまとめて発表するだけでなく,実際に足を運び,それらに直接触れながら納得や実感をし,自分たちが育つ地域のよさに気付き,地域への誇りと愛着を育み,そして,これからの自分の生き方について考える機会となる。総合的な学習の時間における地域学習の取組は,たいへん意義深いものと考えることができる。

今,宇治市のすべての小・中学校において総合的な学習の取組を宇治学として進めている。総合的な学習で課題とされた学校間・学校段階間の取組の格差を改善することにもなる。小学校低学年の生活科において,人や社会および自然を一体として,身近な地域の素材を対象にした学習が進められている。また,小学校中学年以降の社会科や理科,総合的な学習において,義務教育9年間を見通した学習が展開されることとなる。郷土に愛着をもち,宇治市に育つことを誇りに思うとともに,自分のこれからの生き方に重ねながら,常に自分自身

に問いかける児童生徒を育てることにもなろう。生活科からスタートした郷土学習が，問題の解決や探究的活動を通した宇治学に発展・継承されることで，児童生徒が主体的・創造的・協働的に取り組む態度へと育つことにもなろう。小中9年間の一連の営みが，児童生徒の自尊感情を一層高め，他者を思いやる精神を育てることにもなり，今後の取組の成果が期待できる。

3)「宇治学」における第3学年「宇治茶と茶文化」の位置づけ

　第3学年では，最も生活に身近な「宇治茶」を教材として取扱っている。児童が，「ふるさと宇治」の特産品である「宇治茶」について関心をもち，「宇治茶」について主体的・協働的に学び，「宇治茶」の魅力を発信していく単元展開を大切にしている。宇治の「茶文化」を受け継ぐ人々との出会いから，「宇治茶」に対する見方，考え方の目を養い，「宇治茶」に対する愛着をもち，やがては「ふるさと宇治」に働きかける実践力が身に付くことが期待できる。宇治に生き宇治で育つ児童が，最も身近な「茶文化」を自己の生き方との関わりで考え，「茶文化」の伝統を守り受け継ぎ地域社会で行動していくことに期待をもつこともできる。

　第3学年の「宇治学」において，児童が宇治の「茶文化」に触れ探究的・協働的な学びを通して，具体的な資質・能力を育成することに大きな意義を見出すことができる。宇治の「茶文化」について学ぶことは，他の地域の「茶文化」の相違といった他を知ろうという目を養い，視野を広げることに期待をもつこともできる。単元「宇治茶のステキを伝えよう」の学びを通して，児童自身が「茶文化」に貢献したり社会参画していこうとする資質・能力を身に付けることは，第4学年以降の「宇治学」での学びにも生かされ，次のステップにつながるであろう。

（2）「宇治茶のステキをつたえよう」の単元構想

　第3学年では，単元名を「宇治茶のステキをつたえよう」と設定している。「宇治を知り，宇治に親しむ」をテーマに，宇治茶についての探究的な学びを

通して，宇治茶の文化を伝える人々の営みや宇治の自然・風土について情報を集め，それらの情報を整理・分析しながら，宇治茶の魅力に迫っていくのである。

　本単元を構成するにあたって，以下の4つの視点を大切にしている。

（1）　探究的な学びにするための学習過程の工夫

（2）　協働的な学びをつくるためのグループ交流の工夫

（3）　宇治茶に携わる人々との協働的な関わりの工夫

（4）　考えたこと伝えたいことの発信の工夫

視点(1)の探究的な学びにするための学習過程の工夫としては，抹茶の点て方体験やお茶摘みなどの直接体験から宇治茶について関心を高め，課題意識を醸成しながら主体的に探究し，宇治茶の魅力に迫っていくことを大切にしている。

　そのポイントとして，以下の3点が挙げられる。

①　課題意識を確かにするために，抹茶体験やお茶摘みなどの直接体験を重視すること

②　課題追究における学習過程において，宇治茶に携わる人々との出会いを大切にすること

③　グループごとに整理・分析した情報についてグループ間交流を通して，まとめた内容の改善を図ること

視点(2)の協働的な学びの工夫としては，問題の追究過程における児童が物事を多面的に考え，その考えをグループ内で共有するとともに，異なる視点から宇治茶について考えを深めるようにする。

　協働的な学びを通して，互いの意見や考えを認め合いながら，さらに質の高い課題追究となるようにするため，必要に応じたグループ間の交流を行うようにする。

　視点(3)の宇治茶に携わる人々と協働的な関わりの工夫としては，宇治茶の文化を担う専門家にインタビューしたり，宇治茶の体験をさせてもらうことにより，協働的な学びの質を広げ深めるようにする。児童が疑問に思ったこと，聞きたいことを直接聞くことは，宇治茶の知識を得るだけでなく，その専門家の

表情や声を併せて思いや願いを聞く機会でもある。児童と宇治茶の魅力を支える専門家との出会いは，「ふるさと宇治」の意識を高めることにもなろう。

　視点(4)の考えたこと伝えたいことの発信の工夫としては，グループ間交流を通してさらに練り上げた宇治茶の魅力を「宇治茶のステキ」として情報発信していく。友だちだけでなく，保護者や地域の人々に発信していくなかで，そこから返される様々な声をもとに，新たな課題が紡ぎ出されていくのである。情報発信の双方向性を大切にした取組が，児童の課題意識をさらに高めていくことになるのである。

　課題設定，情報収集，整理・分析，まとめ・表現の学習過程を展開することで，児童の目的意識，相手意識，内容意識，方法意識がより確かなものになっていくに違いない。上記に示した視点を大切にしながら，以下の探究過程を解説する。

1）課題発見

　ここでは，「ふるさと宇治」をフィールドとした宇治茶の魅力に迫るための課題設定を行う。課題意識を引き出すため，実際にいろいろなお茶を飲み比べたり，お茶の匂いを嗅いだり茶葉を味わってみるなどの直接体験を重視している。

　お茶を飲むことはあっても，それが何茶なのかを意識している児童はほとんどいない。祖父母の家や祖父母と同居する家庭では，昔から続くお茶を沸かして飲むことが多かったが，最近では，スーパーやコンビニ，自動販売機で購入して飲用する家庭が多いようである。茶葉を見たことがない児童もいる。また，見たことがあっても無意識で無自覚である。仕事の忙しさに追われてしまい，ペットボトルのお茶を飲用している教師も少なくない。そこで，課題設定においては，「お茶を飲み比べ味わう」「茶葉に触れてみよう」「茶葉の匂いを嗅いでみよう」「茶摘み体験をしてみよう」「手もみでお茶をつくってみよう」など，児童が共通の直接体験をすることで課題意識を引き出し高めていこうとするものである。『宇治学』副読本第3学年指導の手引きでは，課題設定時のテーマ

の設定を以下のように例示している（8, 9, 12〜26頁，宇治市教育委員会）。

- ・「お茶の作り方をさぐろう」
- ・「お茶作りの工夫や努力をさぐろう」
- ・「宇治茶の歴史をさぐろう」
- ・「世界のお茶をさぐろう」
- ・「おいしいお茶のいれ方をさぐろう」
- ・「お茶の手もみについて調べよう」
- ・「お茶のスイーツをさぐろう」
- ・「茶道の作法をさぐろう」
- ・「お茶のよいところをさぐろう」
- ・「お茶の種類を調べよう」
- ・「お茶作りの道具を調べよう」

　これらの例示を参考に，各校の児童の実態に合った「何について調べたいのか」について課題設定をしていく。なお，児童が追究したいという課題意識は，情報収集，整理・分析，まとめの探究過程の中で高まっていくことになる（図5-1）。

2) 情報収集

　情報収集では，調べたい課題に応じた情報を収集していく。「何について，調べたいのか」「調べたことをどうしたいのか」などの目的意識，内容意識を確かにしていき，そのための学習計画を立てることになる。地域学習のよさを生かし，「宇治茶」の専門家に直接インタビューをしたり，宇治市歴史資料館や宇治茶製法手もみ技術保存会，茶問屋などを訪問して直接の情報を得ることが可能である。ここでは，インタビューの記録カードを活用していくが，必要に応じて写真に記録する。直接体験の強みが発揮できる。

3) 整理・分析

　探究的な学習において，思考力，判断力，表現力等を高めるには，得た情報

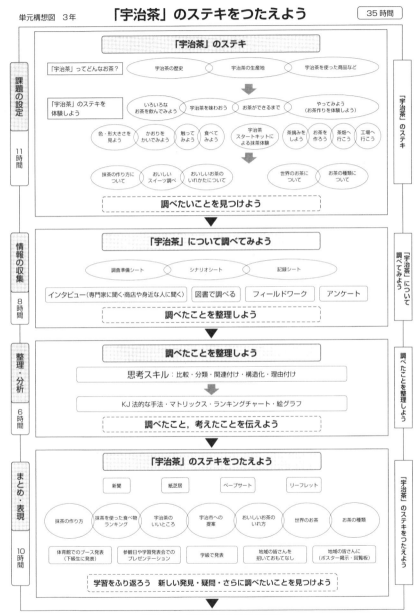

図5-1　第3学年の単元構想図

の整理・分析が重要視される。そのため，考えるための技法，いわゆる思考ツールを活用して調べたことを比較したり分類したり，関連付けたり，構造化したり，理由付けたりしていくことで，多様な情報にある特徴を見出したりしていく。第3学年では，KJ法的な手法やランキングチャート，絵グラフなどが考えられよう。このような探究の学習過程を繰り返すことで「宇治学」で育成を目指す資質・能力を身に付けていくようにしている。

4）まとめ・表現

まとめ・表現では，整理・分析の探究過程でわかったことなどを表現していく。この探究過程では，誰に何を伝えたいのかなどの相手意識，内容意識やどのように伝えたいのかなどの方法意識を明確にすることになる。表現方法としては，新聞や紙芝居，ペープサート，リーフレットが考えられる。伝えたい相手によって場や方法を考えることになるが，たとえば，体育館でのブース発表，参観日や学習発表会でのプレゼンテーション，学年や学級での発表，ポスターなどの掲示や回覧板などが考えられる。このような情報発信から得られた新たな情報から，さらにバージョンアップした課題設定が生み出され，探究活動を深めていくことに期待がもてる。課題設定，情報収集，整理・分析，まとめの探究活動を繰り返すことにより，「宇治学」で目指す資質・能力を育成することになる。

┌─ ●●コラム1●● ───────────────────────

宇治の茶の旨味を覚えて

　宇治市西部の小倉地域で，代々茶農家をしています。茶
以外にも，茶栽培に用いる藁を確保する目的もあり，稲作
もしています。茶園周辺は元々のどかな田園と茶問屋が集
まるエリアでしたが，戦後徐々に開発が進み，現在は住宅
やマンション，店舗などが増え，まちなかでの農業に伴う
課題も出てきています。

　宇治市全体でも茶園は減少し，現在私が組合長を務める
「宇治市茶生産組合」に加入している茶農家数も，茶園の
面積も減っています。しかしその中でも，宇治市では，棚
に藁や寒冷紗で覆いをした茶園で，抹茶の原料となる「碾
茶(てんちゃ)」や，玉露といった手摘みの高級品質のお茶を栽培して

辻四一郎
（宇治市茶生産組合組合
長）

きました。全国茶品評会や関西茶品評会で，優良な茶を生産している産地に与えられ
る産地賞を何度も受けていますし，茶の品質に対する最高評価である農林水産大臣賞
を受賞している茶農家もあり，日本，そして世界に誇る最高品質の茶を生産していま
す。他の宇治茶生産地域では，抹茶スイーツブームなどの影響で，煎茶から機械刈
りの（加工用の）碾茶栽培へ転換するケースも多くみられますが，宇治市内では1年
間手間をかけて栽培し年に一度だけ手摘みする伝統的な栽培方法をとくに大切にして
います。

　宇治学では，このように宇治市が誇る宇治茶について基礎的な知識を学んだり，実
際に飲んでみるという経験をしてもらえます。

　宇治茶の基礎知識を身につけてもらえると，きっと宇治の子どもたちが，自分で自
分のまちのこと，宇治のまちの歴史や文化に興味を持ってもらえるきっかけになるこ
とでしょう。私自身も，茶農家の息子として生まれたにもかかわらず，小学生の頃，
授業で宇治茶について聞かれた時，当時はきちんと人に説明することができませんで
した。子どもたちには将来社会に出た時，自分たちのまちの宇治茶について少しでも
語れる人になってほしいと思います。「宇治と言えば宇治茶ですね」と他所の人に言
われた時，その魅力を国内外の多くの人たちに伝えてもらいたいです。

　また，ぜひ宇治学を通して，「ほんまもん」の宇治茶の味を覚えてほしいと思いま
す。私たちが一般の方に話をさせていただくと，「抹茶は苦くて，渋いので苦手です」
と言われることがあります。ところが，本当に美味しい宇治の抹茶は，「旨味と甘み」
が多く，まろやかな味わいです。このような「ほんまもん」の味を知ってもらうため
に，生産組合の仲間で相談し，宇治市内産抹茶を宇治学の学習で飲んでもらえるよう

市街化が進む宇治市小倉地域の茶園

に生産者達で協力しながら安価で提供させてもらっています。
　さらに，若手の茶農家を中心に，生産者が直接教室に出向き，宇治茶の楽しみ方を
伝えたり，茶づくりについて話す出前授業なども実施しています。宇治茶の味わいの
裏にある生産者の思いも知ってもらいたいからです。宇治茶は嗜好品として世界の市
場の中にあります。これからは，宇治茶栽培の伝統を守りながら，生業としても成立
する経営形態も含め合理的革新も必要になると考えています。宇治学で子どもたちに
宇治茶の将来についても関心を持ってもらえればありがたいです。

───●●コラム2●●───

宇治学と宇治茶

全国の地名が名産品の代名詞に使われる
ことが多いことはよく知られていることで
す。たとえば「浅草海苔」や「信州リン
ゴ」「伏見の酒」等，地名からその産物が
思い浮かばれることはその商品が如何に
人々の間に浸透してきた証しです。なかで
も「宇治」と言えば「茶」を直ぐに思いつ
く商品は，全国的にも無いと思います。こ
れには800年と言われる宇治茶の歴史と，
その絶対なる品質の維持を守り続けた信頼
によって生み出された「ブランド」の力で
もあります。また，「宇治氷」や「宇治金

堀井長太郎
（京都府茶協同組合理事長）

時」のように食品の中に宇治を入れるだけで「茶」を想像させる食べ物の影響力も少
なくないと考えられます。しかし現在，宇治＝茶を思い浮かべることは，昭和，平成
と時代が移りゆく中で，徐々にその認識度が薄れてゆく感があります。なかでも平成
の初めに開発されたペットボトル入りのドリンク飲料が広まるにつれ，家庭では急須
で茶を淹れる事が急速に無くなり，お茶を飲む「茶の間」はリビングへ，茶を淹れる
「ちゃぶ台」はテーブルに変わってきました。さらに茶を淹れる「急須」が無い家庭
が増え，抽出して飲むと言う日本緑茶の文化も失いかけ始めた昨今です。そして，宇
治の代名詞であった抹茶も，飲むものから，食べるものの原料として変化を遂げてい
ます。

そのようななか，「宇治」に縁ができて教育を受ける場を得られた小学生を対象に
「宇治学」と言う地域協働型学習の場が設けられたことは，宇治茶に関わりを持つ者
として大変嬉しいことです。従来，私どもの京都府茶協同組合では，小学生を対象に
お茶の種類の紹介やペットボトルとは異なる「ほんまもん」の急須で淹れたお茶の味
に触れていただく「宇治茶ふれあい教室」を開催しています。小さい頃に体感した，
特に味覚は忘れ得難いものです。ペットボトルとは一味違う旨味や，苦味，渋みを感
じると共にお茶を通じて広がる輪，やすらぎの心もこの教室から感じて欲しいと願っ
ています。

「宇治学」ではさらに一歩進んだ宇治茶の総合学的取り組みを実践していただき，
業界にとっても有難いことです。その中心におられるのは先生ですが，先生ご自身も
宇治茶とは何か，手探りの状態ではないかと思います。特に生産時期は5月に限られ，

市唯一現存する宇治七茗園の
「奥の山茶園」にて

　実体験する期間が限られますが，一方，流通，加工仕上技術は一年を通じて学べることができます。切り口を見つけ飛び込んでいただきたく我々も門戸を開きお待ちしています。日本茶のふるさと「宇治」が児童生徒自身のふるさとでもあり，その故郷の誇りである「宇治茶」を十分児童生徒に理解いただくよう，さらなる研鑽をつまれ，指導，教育をお願いするところです。周囲を見回してもお茶を語れる環境にはやや遠くなった今，それでも「宇治と言えばお茶」と，言えることを，生産の現場そして流通からも発信続けることが私たちの務めと感じています。

　将来，児童生徒が成人された時に自慢できる「ふるさと宇治」であり，誇れる「宇治茶」を学び語れる「宇治学」であってほしいと願っています。

2　「自然環境や生活環境」をテーマに
――第4学年の事例――

（1）「自然環境や生活環境」の教材化にあたり大切なこと

1) 学校教育における「地域の自然環境」に関わる学習の位置づけ

　第1節と同様に，2017年7月に示された小学校学習指導要領（平成29年告示）解説総合的な学習の時間編（26～29頁，文部科学省）において，第3章第3節「各学校において定める目標及び内容の取扱い」(3)(4)(5)により，示されている。

　本単元構想においては，社会科や理科との横断的・総合的な課題として探究することで，児童の資質・能力を高めていくことになる。すなわち，社会科との関係においては，小学校学習指導要領（平成29年告示）解説社会編第3章各学年の目標及び内容第2節第4学年の目標及び内容（48頁，文部科学省）の目標(1)に示す「地域の人々の健康と生活環境を支える働きや自然災害から地域の安全を守るための諸活動」と関係づけることにより，地域の人々の健康や生活環境の維持と向上に携わっている専門家や人々との関わりを通して，児童自身が主体的に社会参画する意識の醸成が期待でき，課題解決に必要な情報を調べまとめる技能を身に付けることができる。

　また，理科との関係においては，小学校学習指導要領（平成29年告示）解説理科編（45，54頁，文部科学省）第3章各学年の目標及び内容第2節第4学年の目標及び内容に示す第4学年の内容B生命・地球(2)季節と生物と関係づけることで，児童が自然環境に対する課題意識を高めることが期待でき，宇治の自然環境のなかで，地域の特徴的な動植物を取り上げ観察したり調べたりすることを通して，身近な自然に愛着をもつことができる。

　地域における自然環境の課題は，社会の変化に伴って切実に意識されるようになってきた地域社会の諸課題である。そのいずれもが，持続可能な社会の実現に関わる課題であり，現代社会に生きるすべての人が，この課題を自分のこととして考え，よりよい解決に向けて行動することが望まれている。

　次代を生きる児童にとって，他教科等の枠組みを超えた総合的な学習におい

て探究課題として取り上げ，その課題解決を通して具体的な資質・能力を育成していくことに大きな意義を見出すことができよう。総合的な学習において課題解決に向けた体験活動は，児童が外界の事物事象に直接働きかけ働き返される双方向のある中で学びを深めていく重要なプロセスとなる。

　また，解説総合的な学習の時間編（54頁）第4章第2節内容の取扱いについての配慮事項(4)において，以下のように示している。

---

(4)　自然体験やボランティア活動などの社会体験，ものづくり，生産活動などの体験活動，観察・実験，見学や調査，発表や討論などの学習活動を積極的に取り入れること。

　総合的な学習で重視する体験活動は，視覚，聴覚，味覚，臭覚，触覚などの諸感覚を働かせて外界の事物や事象に直接働きかけていく活動であるが，今回の改訂では，第1章総則第3の1の(5)において，「児童が生命の有限性や自然の大切さ，主体的に挑戦してみることや多様な他者と協働することの重要性などを実感しながら理解することができるよう，各教科等の特質に応じた体験活動を重視し，家庭や地域社会と連携しつつ体系的・継続的に実感できるよう工夫すること」とした。児童が自然と直接に関わりながら自然の偉大さや美しさに出会い，他者と共感し合いながら「ふるさと宇治」に生きる一人として課題と向き合っていくのである。自然に対する豊かな感受性や生命を尊重する精神を培い，環境に働きかける関心や意欲を高めるため，自然に身を置き自然観察などの活動を実際に行うことが重要となる。

　2)「宇治学」における地域の自然環境に関わる学習の位置づけ
　第4学年「宇治学」において「自然環境」を課題として取り扱っているが，これは宇治をフィールドとする児童が，持続可能な宇治の自然環境の実現に関

わる課題であり，「ふるさと宇治」に生きる児童が，この課題を自分事として
考え，よりよい自然環境の保全に向けて行動することが期待される。「ふるさ
と宇治」は，自然環境に恵まれ，各学校を取り巻く地域には多くの優れた素材
が存在している。これらの素材を生かした学習活動は，児童にとって具体的で
あり身近であるため，興味や関心をもちやすい。また，地域の人との関わりも
生み出しやすい。

　たとえば，宇治の里山や山並み，巨椋池干拓田，大吉山，木幡池，太陽が丘，
宇治市植物公園，宇治川，茶園，寺社の杜，炭山笠取，府立宇治公園，名木川，
琵琶湖国定公園など数多く存在する。しかし，社会の変化に伴い豊かな自然環
境も生活環境も変化している。このような環境の変化に関心をもち，諸感覚を
働かせて，各学校を取り巻く自然環境や，さらには「ふるさと宇治」の自然環
境に働きかけ働き返される双方向性のある直接体験を各教科等と関連付けてい
くことで自然に対する豊かな感受性や生命を尊重する精神を育むことが期待で
きる。一方，十分に配慮した体験活動を行うことは当然のことであるが，「何
のために活動を行うのか」という目的意識を常に意識するなどの振り返りを行
っていくことを大切にしている。そのため，自然に対する直接体験の時間を十
分に確保した上でダイナミックな活動を行うようにしている。この環境の変化
に児童が関心をもって，環境保全などに関わる調査をしたり，それらを支えて
いる人々に関わりながら，宇治市の自然環境に対する思いや願いの聞き取り調
査を進めていくことができる。

　結果をまとめて発表するだけでなく，実際に足を運びそれらに直接触れなが
ら納得や実感をし，自分たちが育つ地域のよさに気付き，地域への誇りと愛着
を育み，これからの自分の生き方について考える機会となる。総合的な学習の
時間における環境に対する取組は，たいへん意義深いものとなる。今，宇治市
のすべての小・中学校において総合的な学習を宇治学として取組を進めている。

　総合的な学習で課題とされた学校間・学校段階間の取組の格差を改善するこ
とにもなる。小学校低学年の生活科において，人や社会および自然を一体とし
て身近な地域の素材を対象にした学習が小学校中学年以降の社会科や理科，総

合的な学習において，義務教育9年間を見通した学習が展開されることとなる。郷土に愛着をもち，宇治市に育つことを誇りに思うとともに，自分の生き方に重ねながら常に自分自身に問いかける児童生徒を育てることにもなろう。生活科からスタートした郷土学習が問題の解決や探究的活動を通した宇治学に発展・継承されることで，児童生徒が主体的・創造的・協働的に取り組む態度が育つことにもなろう。小中9年間の一連の営みが，児童生徒の自尊感情をいっそう高め，他者を思いやる精神を育てることにもなり，今後の取組の成果が期待できる。

（2）「発見‼『ふるさと宇治』の自然を伝えよう」の単元構想

第4学年では，単元名を「発見‼『ふるさと宇治』の自然を伝えよう」と設定している。「宇治を知り，宇治に親しむ」をテーマに，「ふるさと宇治」の自然環境についての探究的な学びを通して，宇治の自然環境を守る人々の営みや宇治の自然・風土について情報収集し，それらの情報を整理・分析しながら，「ふるさと宇治」の自然の魅力に迫っていくのである。

本単元を構成するにあたって，以下の4つの視点を大切にしている。

(1) 探究的な学びにするための学習過程の工夫

(2) 協働的な学びをつくるためのグループ交流の工夫

(3) 宇治の自然環境保護に携わる方々との協働的な関わりの工夫

(4) 考えたこと伝えたいことの発信の工夫

視点(1)の探究的な学びにするための学習過程の工夫としては，課題設定において，学校を取り巻く身近な自然環境に対する直接体験から自然環境への関心を高め，課題意識を醸成しながら「ふるさと宇治」の自然環境について主体的に探究し，自然環境保護の大切さに迫っていくことを大切にしている。

そのポイントとして，以下の3点が挙げられる。

① 課題意識を確かにするフィールドワークや直接体験を重視すること

② 課題追究における学習過程において，宇治の自然環境保護に携わる人々との出会いを大切にすること

③　グループごとに整理・分析した情報についてグループ間交流を通して，
　　まとめた内容の改善を図ること

　視点(2)の協働的な学びの工夫としては，問題の追究過程における児童が物事を多面的に考え，その考えをグループ内で共有するとともに，異なる視点から自然環境について考えを深めるようにする。

　協働的な学びを通して，互いの意見や考えを認め合いながら，さらに質の高い課題追究となるようにするため，必要に応じたグループ間の交流を行うようにする。

　視点(3)の宇治の自然環境保護に携わる人々との協働的な関わりの工夫では，自然環境保護に携わる専門家にインタビューしたり，自然環境に関わる直接体験をすることで，協働的な学びの質を広げ深めるようにする。児童が疑問に思ったこと，聞きたいことを直接聞くことは，自然環境保護の知識を得るだけでなく，その専門家の表情や声を併せて思いや願いを聞く機会でもある。児童が，宇治の自然環境保護に携わる専門家との出会いは，「ふるさと宇治」の意識を高めることにもなろう。

　視点(4)の考えたこと伝えたいことの発信の工夫では，グループ間交流を通してさらに練り上げた「ふるさと宇治」の自然環境について情報発信をしていく。友だちだけでなく，保護者や地域の人々に発信していくなかで，そこから返される様々な声をもとに，新たな課題が紡ぎ出されていくのである。さらに，情報発信の双方向性を大切にした取組が，児童の課題意識をさらに高めていくことになる。

　課題設定，情報収集，整理・分析，まとめ・表現の学習過程を展開することで，児童の目的意識，相手意識，内容意識，方法意識がより確かなものになっていくことに期待感がもてる。

1）課題発見

　ここでは，学校を取り巻く身近な環境をフィールドし環境マップを作成していく（以下，『宇治学』副読本第4学年指導の手引き，8, 9, 12〜44頁）。この探究過程

において，新たな発見や疑問との出会いがある。たとえば，今まで意識しなかった生き物との出会いや地域が大切にしていること，今と昔の違い，自分たちの生活の関係など多様な発見や疑問である。無意識に見ていたことを意識してみるようになるであろう。このように，より自覚化して物事を捉え，自分事へと関心をもち意欲を高め探究課題を設定していく。虫眼鏡の目で物事を捉えていくのである。調べたいことを見つけ，マトリックスなどを活用してさらに調べたいことをグループで話し合っていく。対話的な活動を繰り返しながら，自分やグループで調べたい内容を決めていくプロセスには，児童なりの課題が醸成されていく。ここで大切なことは，課題設定に向けての十分な直接体験である。

　通り一遍の体験活動では課題を見出すことは困難であり，主体的な学びを引き出すことはできない。前述した宇治市内や近くの環境資源を活かしたフィールドワークを繰り返す直接体験が大切である（図5-2）。

　2）情報収集
　情報収集では，調べたい課題に応じた情報を収集していく。「何について，調べたいのか」「調べたことをどうしたいのか」など目的意識，内容意識を確かにしていく。そのための学習計画を立てることになる。学校を取り巻く身近な環境や「ふるさと宇治」の自然環境について，専門家に直接インタビューをしたりして，調査を進めていくのである。探究活動では，以下のような身近な訪問先でのインタビュー調査や実際の環境に触れること等が考えられる。
　　・　自然環境に携わっている人々へのインタビュー調査
　　・　宇治市役所環境企画課の人々へのインタビュー調査
　　・　エコポート長谷山の人々へのインタビュー調査
　　・　巨椋池干拓田の環境調査
　　・　宇治川漁業協同組合の人々へのインタビュー調査
　　・　宇治市植物公園の環境調査や管理される人々へのインタビュー調査
　自然環境を守り育てる人々の思いに接することで，切実感をもつとともに，この探究活動で得た情報を次の整理・分析で有効に活用していく。

単元構想図　4年　**発見!!「ふるさと宇治」の自然を伝えよう**　　35時間

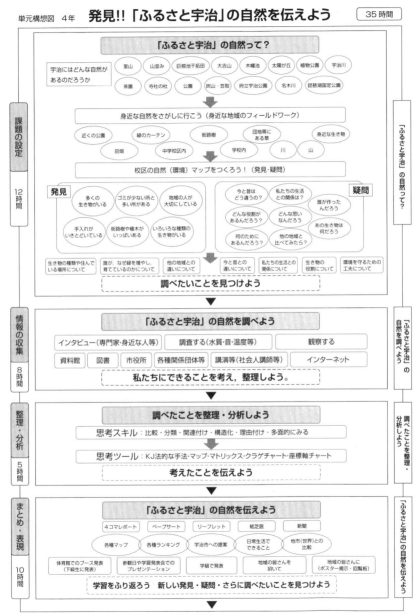

図5-2　第4学年の単元構想図

3）整理・分析

　この探究過程では，調べたことを比較する，分類する，関連付ける，理由付ける，推論する，広げてみるなどの思考スキルを高めるための，いわゆる思考ツールの活用が有効である。例えば，KJ法的な手法やマトリックスチャート，座標軸チャート，ベン図，ピラミッドチャートなどがある。

　しかし，これらの活用は，あくまでも手段として捉え，対話的な学びを通して，児童の思考力，判断力，表現力等の資質・能力の育成を図っていくことが大切である。

4）まとめ・表現

　この学習過程では，例えば，学級で交流し合い考えを深めながら，その学びを多くの人々に発信していくことになる。

　学級での交流では，まとめ方としてレポート形式や新聞作り，劇化，プレゼンテーション，パネルディスカッション，環境マップ，ディベート，啓発ポスター，ポスターセッションなどが考えられる。この過程において，さらに課題意識を高めていくことになる。このような対話的協働的な探究活動は，情報発信となる相手意識を高め，どのように発信していくのかという方法意識を引き出すことになる。情報発信の内容として，以下のような例が考えられる。

- ・　学校を取り巻く自然環境についての学校内外（家庭や地域）への提言
- ・　地域と連携したクリーン作戦
- ・　身近な家庭での継続的な取組
- ・　緑化作戦
- ・　宇治市への提言

各学校において，学校の特色を踏まえた内容とする。

また，発信の場として，以下がある。

- ・　全校の児童会の場
- ・　体育館でのポスターセッション
- ・　参観日や学習発表会

・　地域の集まりの場

　このような発信が宇治や地域のよりよい環境作りに向けて学校，家庭，地域が一体となって一歩を踏み出す機会となる。

黄金の体験

中嶋勇喜
（ｅｃｏット宇治・元宇
治市人権環境部環境企
画課）

　「宇治市地球温暖化対策推進パートナーシップ会議（愛称・ｅｃｏット宇治）」は，市民・事業者・行政が一丸となって地球温暖化対策に取り組む団体です。環境に関わる団体として，小学４年生で環境について学ぶ「宇治学」に大きな期待を寄せています。

　メンバーのひとり，佐藤悦子さんは，宇治学を通じて「自然にもっと触れてほしい」と語ります。「体験は大人になってもずっと覚えているもの。宇治学を機会に自然に触れることで，自然に対する想いが変わるだろう」と期待しています。

　エコを訴えて日本縦断をしたこともある金澤良彦さんも宇治学に期待する１人です。「自分で体験したことは自信がつくし，説得力がある。人を感化するのは体験である。宇治学のような体験が大事だ」と宇治学の必要性を説く金澤さん。「体験することで実践力がつく」と「体験主義」を唱えます。

　ｅｃｏット宇治の居原田晃司会長は，「地球環境の話をしていてもまるで他人事の人がいる」と，日々の活動での難しさを話してくれました。地球温暖化をはじめとする環境問題というのはなかなか自分たちのこととは結びつきづらく，当事者意識が芽生えにくい問題です。宇治学の授業を通じて地元の自然を知り，愛着を持つことで，環境問題全般が「自分達にも関係のあることだ」と思ってもらえれば，それ以上のことはありません。居原田さんは，「私たちの活動が何年か後に花開き，やがて環境に携わる仕事をするような人が現れてくれればうれしい」と夢を語ります。

　ｅｃｏット宇治に初期から関わる小林清三郎さんは，以前から京都市で行われていた小学生の環境学習のお手伝いをしており，「宇治市でも環境学習をやってみたいと思っていた。実現できてうれしい」と目を細めます。「フィールドワークといっても見ただけですべてわかるものではない。必ず『昔はどうだったか』が問われてくる。昔があって，現在があって，その先に未来がある。それを知るために専門家やボランティアが必要であり，自分の役割は昔のことを伝え，皆に未来を考えるきっかけを与えることにある」と，環境学習に関わる意義を語ります。

　私たちの日々の活動はとても地道なものです。そのなかで喜びを感じるのは，子どもたちが楽しんでくれたり，体験したことを覚えてくれたり，実践してくれたりすることです。子どもたちには宇治学の経験を通じて，環境に興味をもち，少しでも実践

子どもたちと共に環境学習に取り組む様子

してほしいと期待していますし，同時に子どもたちと関わることで，私たち自身も楽しく学ぶことができたらと願っています。

　最後に，居原田さんは「大人も宇治学を勉強した方が良い」と語ります。「宇治学が子から親へ，祖父へと伝わってほしい」と話す居原田さんの目には，環境問題を当たり前に自分たちの問題として捉え，自分達で解決していく理想の市民像が浮かんでいました。

地域を教材とし，生きた学習を

山田信人
（淀川管内河川レンジャー）

河川レンジャーは，住民と行政が一緒になって川づくりを行うために活動している橋渡し役です。多くの人に，川のファンになり，川のことを考えていただけるよう，様々な活動をしています。私の場合，木津川とその支流の水質調査を指導した経験から，住民団体と一緒に河川の汚染について調査し，結果を地域や行政に発信することで，綺麗で自然豊かな川の実現をしたいと活動しています。

水質を活動のメインに据えていますが，併せて流域に生息する魚や鳥また植物等の生き物を調査，また川の構造の特徴を住民の方々と学ぶことも行い，川を総合的に理解していただけるよう努めてきました。とくに宇治市南西部を流れる名木川は，私の地元を流れる河川として，地元の広野中学校科学クラブと共に5年にわたり調査を行いました。

今回，宇治学4年生「身近な自然から学ぶ」の協力依頼が4校からあり，2校は主に水質調査でのグループ指導，2校が名木川の自然観察指導でした。以下，西大久保小学校を例に，活動内容を紹介します。

担任団との打合せで，テーマは「身近にある名木川を学ぼう！」と設定。プログラムは，約1時間のフィールドワーク，休憩後約1時間のまとめ講義と質問の2部構成で実施。子ども達が最も関心を寄せたのはフィールドワークでのカモやサギの観察です。とくにコサギが眼前で小魚を捕食した時は，大きな歓声が上がりました。野鳥だけでなく，植物や魚等も観察しながら，現場の状況に合わせて多くのことを解説するように心がけました。

たとえば，名木川の不思議の一つは，下流域で大きく水質が改善していることです。観察した付近では川底が砂礫でできており，砂礫の間に生息する多くの微生物が汚れを食べる（分解する）ことで水の浄化作用が働くことがその要因の一つであることを伝えました。また，微生物は小魚のエサになり，小魚は大きな魚や野鳥等のエサになるという食物連鎖が成立することで，川底が砂礫の下流域には豊かな生態系が成立することを，生きた目の前の教材でわかりやすく説明するようにしました。さらに，身近な名木川にも魚や植物の外来生物が増加していること，とりわけ特定外来生物をはじめ侵略的外来種が増加していることを目の前にある現物を通して学べるように解説しました。

西大久保小学校4年生の名木川フィールドワークのようす（2018年撮影）

　宇治学には，身近な自然等を教材として科学的なものの見方考え方をしっかり身に付けられるようなわかりやすい学習を期待しています。

3 「地域福祉・ノーマライゼーション社会」をテーマに
——第5学年の事例——

（1）「地域福祉・ノーマライゼーション社会」の教材化にあたり大切なこと
1)学校教育における「福祉・ボランティア」の位置づけ

第1節，第2節と同様に，2017年7月に告示された小学校学習指導要領（平成29年告示）解説総合的な学習の時間編（26頁，文部科学省）において，第3章第3節「各学校において定める目標及び内容の取扱い」(3)(4)(5)により，示されている。

「福祉・ボランティア」の内容は横断的・総合的な学習の性格を有し，探究的な見方・考え方を働かせて学習することがふさわしく，この課題解決に向かって児童自身の生き方を考えながら探究していくことが求められる。少子化・高齢化などの社会の変化に伴い，持続可能な社会の実現に関わる課題であり，これからの社会にあって，この現代的な課題を自分事として捉え，よりよい課題解決に向けて，どのように行動し社会参画していくのかを考えることが大切なこととなる。

また，「福祉・ボランティア」の内容は，高齢者を対象とするだけでなく，障がい者に対しても向き合い，共生社会のあり方について考えることも大切なことである。他教科等の枠組みを超えた総合的な学習において探究課題として取り上げ，その課題解決を通して具体的な資質・能力を育成していくことに大きな意義を見出すことができよう。総合的な学習において課題解決に向けた体験活動は，児童が外界の事物事象に直接働きかけ働き返される双方向のある中で学びを深めていく重要なプロセスとなる。

同解説（30頁，44頁，45頁）第4章「指導計画の作成と内容の取扱い」第1節「指導計画作成に当たっての配慮事項」1「指導計画作成上の配慮事項」(7)において道徳教育，特別の教科道徳との関連については，第2章に示したとおりである。

2)「宇治学」における「地域福祉・ノーマライゼーション社会」の位置づけ

　第5学年「宇治学」において，「地域福祉・ノーマライゼーション社会」をテーマとして取り扱っている。これは，宇治をフィールドとする児童にとって持続可能な宇治のノーマライゼーション社会の実現に関わる課題であり，「ふるさと宇治」に生きる児童が，この課題を自分事として考え，よりよい自然環境の保全に向けて行動することが期待される。「ふるさと宇治」に生きる児童が，障がい者や地域福祉に携わっている人々と関わりながら「やさしさ」について自分の生き方と重ねながら「すべての人が幸せに暮らすために大切なことは何か」を探究していくのである。そのため，単にハード面の視点だけでなくソフト面の視点から課題を設定していくように構成している点に特色が打ち出されている。すでに宇治市立小学校では，車いす体験やアイマスク体験，高齢者・妊婦体験などの直接体験を取り入れているが，それに加えて認知症や手話条例に関わる体験学習を例示し，児童にとって障がい者の気持ちや介助者の気持ちを考えるヒントがちりばめられている。第5学年の「宇治学」を参考にして，各学校で児童が主体的に他者と関わりながら，「すべての人が幸せに暮らすために大切なことは何か」を考え，さらに児童自らが探究課題を設定していくことを期待してのことである。第5学年の「宇治学」は，「他者の思いや願い，考え」など「やさしさ」に気付くことに迫る内容構成であるが，道徳科との関連を図りながら，自己の生き方について多面的・多角的に考え道徳的価値に深化させることにつながっている。児童と同じ目線に立って，すべての人に優しい「ふるさと宇治」の探究活動を展開していくことに期待がもてる。

（2）「『ふるさと宇治』をすべての人にやさしいまちに」の単元構想

　第5学年では，単元名を「『ふるさと宇治』をすべての人にやさしいまちに」と設定している。「やさしさとは何か」をテーマに，「すべての人が幸せに暮らすために大切なことは何か」について探究的に学び，障がい者や地域福祉に携わっている人々と関わりながら情報収集し，それらの情報を整理・分析しながら，「すべての人にやさしい『ふるさと宇治』」を探究しまとめたことを発信し

ていくのである。

　本単元を構成するにあたって，以下の4つの視点を大切にしている。

(1)　探究的な学びにするための学習過程の工夫

(2)　協働的な学びをつくるためのグループ交流の工夫

(3)　障害者や地域福祉に携わる人々との協働的な関わりの工夫

(4)　考えたこと伝えたいことの発信の工夫

　視点(1)の探究的な学びにするための学習過程の工夫では，道徳科との関連を図りながら，車いす体験やアイマスク体験，高齢者・妊婦体験などの直接体験，認知症の人の話から，環境や施設・設備だけでなく人との関わりから関心を引き出すことを大切にしている。

　そのポイントとして，以下の3点があげられる。

①　課題意識を確かにする直接体験や障がいのある人との関わり重視すること

②　課題追究における学習過程において，地域福祉に携わる人々との出会いを大切にすること

③　グループごとに整理・分析した情報をグループ間の交流を通して，まとめた内容の改善を図ること

　視点(2)の協働的な学びをつくるためのグループ交流の工夫では，問題の追究過程において，児童が物事を多面的に考え，その考えをグループ内で共有するとともに，異なる視点から「すべての人が幸せに暮らすために大切なことは何か」について考えを深めるようにする。

　協働的な学びを通して，互いの意見や考えを認め合いながら，さらに質の高い課題追究となるようにするため，必要に応じたグループ間の交流を行うようにする。

　視点(3)の障がい者や地域福祉に携わる人々との協働的な関わりの工夫では，地域福祉に携わっている人々にインタビューして，協働的な学びの質を広げ深めるようにする。児童が疑問に思ったこと，聞きたいことを直接聞くことは，地域福祉の知識を得るだけでなく，その専門家の表情や声を併せて思いや願い

を聞く機会でもある。児童の宇治の地域福祉に携わる専門家との出会いは，「ふるさと宇治」の意識を高めることにもなろう。

　視点(4)の考えたこと伝えたいことの発信の工夫では，グループ間の交流を通して，さらに練り上げた「ふるさと宇治」の地域福祉・ノーマライゼーション社会について情報発信をしていく。友達だけでなく，保護者や地域の人々に発信していくなかで，そこから返される様々な声をもとに，新たな課題が紡ぎ出されていくのである。情報発信の双方向性を大切にした取組が，児童の課題意識をさらに高めていくことになるのである。

　課題設定，情報収集，整理・分析，まとめ・表現の学習過程を展開することで，児童の目的意識，相手意識，内容意識，方法意識がより確かなものになっていくことに期待がもてる。

1)課題設定

　ここでは，「すべての人にやさしいとは，どういうことか」を小テーマにし，車いす体験やアイマスク体験，高齢者・妊婦体験などの直接体験や認知症サポーター小学生養成講座の出前授業から「やさしさ」について考え，児童自身が課題設定を行っていく（『宇治学』第5学年指導の手引き）。

　直接体験では，人の思いを知り，なぜ，その体験活動を行うのか目的意識を確かにさせていくことを見逃してはならない。各教科等や下学年で学んだことを踏まえた体験活動にしていくことが重要となる。この直接体験や出前授業から，「ふるさと宇治」には，様々な人が生活しており，「すべての人にやさしいまち」にしようという考えを引き出していく。「すべての人にやさしいとは，どういうことなのか」について，施設や設備だけでなく，人と人の関わりという視点から考え，児童自身が調べたいテーマを設定していくことが大切なポイントになっている。

2)情報収集

　ここでは，自分やグループの課題追究に向かって，必要な情報を収集するが，

得た情報をそのまままとめて発信し，それで学習活動を終えた気になってしまうことが危惧される。したがって，情報収集の探究活動においては，「何のために，どのようにして情報収集をするのか」という目的意識を確かめることが大切となる。情報収集では，多方面から得るようにしていくようにする。第5学年「宇治学」では，宇治市が取り組む「認知症にやさしいまち・うじ」宣言をはじめ，地域福祉を支える施設や人々について紹介している。

　グループで調べる例として
・　「障がいのある人に対して，自分たちができるやさしさとは何か」
・　「認知症の人にとってやさしい町にするために，自分たちにできることは何か」
・　「地域の高齢者の人と，ニュースポーツをいっしょに楽しむには」
などが考えられるが，他者と積極的に関わり，インタビュー調査を行うようにする（図5-3）。

　3）整理・分析
　ここでは，直接体験等で得た情報をもとに，調べたことを比較する，分類する，関連付ける，理由付ける，推論する，広げてみるなどの思考スキルを高めるための思考ツールの活用が有効である。例えば，KJ法的な手法や，マトリックスチャート，座標軸チャート，ベン図，ピラミッドチャートなどがあるが，これらの活用は，あくまでも手段として捉え，対話的な学びを通して，児童の思考力，判断力，表現力等の資質・能力の育成を図っていくことを大切にしている。施設設備などのハード面だけでなく，認知症を患っている人，地域福祉を支える人々との関わりからも整理し・分析していくことがポイントとなっている。

　4）まとめ・表現
　まとめでは，すべての人にやさしい「ふるさと宇治」として情報発信をしていく。誰に何をどのように伝えていくのか，「相手，内容，方法」を意識しな

単元構想図　5年 **「ふるさと宇治」をすべての人にやさしいまちに**　35 時間

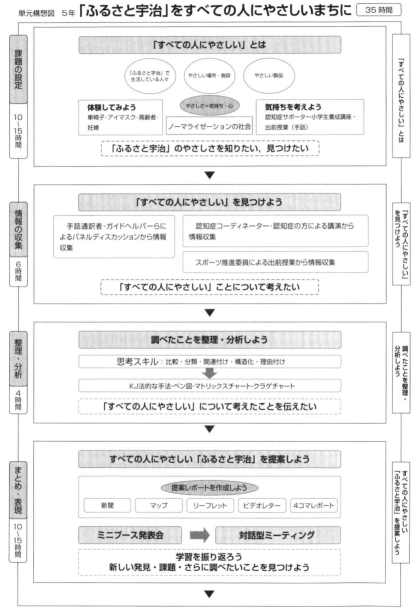

図 5 - 3　第 5 学年の単元構想図

がらこれまでの学習を振り返りまとめる学習過程となる。まとめ方としては，「新聞」「提案レポート」「マップ」「リーフレット」「ポスターセッション」などが考えられる。

　発信対象は，全校児童，保護者，地域の人々，これまでの学習でお世話になった方々などが考えられるが，情報発信の前に，学年や学級において，よりよい地域・宇治にするために「地域のためにできること，自分たちができること」を十分に話し合い，考えをまとめていくことが大切なプロセスとなる。内容に不十分なところがあれば再取材するなどして内容の改善を図っていく。また，「伝えたい内容が相手にわかりやすく伝わるか」という視点から交流し合うことが大切になる。情報発信の場では，相手に対しての一方的な発信ではなく，双方向性のある意見交流となるような工夫をし，また，発信したことに対して，責任をもって行動していくことが重要であり，発信で終わらないようにしている。

┌─ ●●コラム 5 ●● ─────────────────────────

「特別」から「あって当たり前」に──対等で普通の関係になるために

　私は，大学で臨床心理学を専攻していて現在 2 年次
生（2018年当時）の全盲の学生です。友達はいるし，
かなり楽しい学生生活を送っていると思います。友達
と遊ぶのは好きだし，いろいろ挑戦してみたいと思っ
ています。

　私は現在 3 つの団体に所属しています。そのうち 2
つは音楽系の団体で，残り一つは私が入学と同時に作
った，視覚障害理解促進をめざす団体です。この「理
解」とは，実際に視覚障害者と健常者が関わり，大変
さではなく楽しさやイメージとの違い，その他何でも
体験的に互いに発見していくことだと私は考えていま
す。

　現在，大学で主に行っていただいている配慮は，ま
ず，講義で使用するプリントの内容をデータでいただ

大岩諒也
（京都文教大学臨床心理学
部臨床心理学科 2 年次生
〔2018年当時〕）

くことです。それを機械に入れることで，点字で読むことができます。次に，黒板に
書かれた内容は読み上げてくださるよう先生にお願いをしています。家から大学まで
の行き方は，入学前に盲学校の先生に教わり，現在一人で通学しています。それ以外
は，友達にサポートしてもらえることも多いです。あとは他の学生と変わりない生活
を送っています。大学に行くときはいつも時間ぎりぎりで駅までかなりの速度で歩い
ているときもあります。講義では寝ていることもかなりあるし，休み時間や昼休みは
友達と他愛もない話をして過ごします。

　私は，1 歳半のときに失明し，両目ともに広覚なし（光も感じない）です。そのた
め，見えていたときの記憶はなく，見えるという感覚もわかりません。しかし，だか
らこそ私にとって視覚障害は当たり前のことになっています。視覚障害は，私個人に
はあって当然で，かわいそうなものとか不幸なものだとは思わないということであり，
特別なものではないということです。もちろんたまには見えないのが面倒だと思うこ
ともありますが，皆さんも面倒だと感じることがあるのと同じです。まして，視覚障
害がある「から（のに）」頑張っているというつもりはありません。このように，多
くの方の視覚障害への認識は，私の認識とは大きく異なります。

　私は障害があることを意識しない関係を良い関係だと考えています。障害へのサ
ポートを意識しすぎると，障害者個人の個性・性格が無視され，「障害者」というカ
テゴリーの情報のみが注目されます。また，私にとって見えないことは当たり前であ

り，かわいそうなことではないと思っているにもかかわらず，「障害があってかわいそうだからするサポート」が行われてしまう可能性もあります。これでは，お互いに表面的で冷たい関係となってしまいます。しかし障害そのものは存在するし，サポートが必要な場面もあります。そのため，障害そのものをなかったことにするのではなく，障害を取り立てて意識しないことが重要だと考えています。

　それはたとえばこんな関係かもしれません。ある日，私の友達に私のことをどう思っているかを聞いてみました。お互い少し恥ずかしかったのですが「一緒にいて楽しいし…」と言われました。障害があることを踏まえてと聞くと「ちょっと歩くときにサポートするぐらい？」と言っていました。またあるとき，友達と外食した際，残り少なくなった食事を，友達に方向を言ってもらいながら「クレーンゲームみたいだ」と笑いあいながら食べたこともありました。

　こんなことをいきなりするのはもちろん難しいし，これが正解というものはありません。障害者のサポート（たとえば道で声をかける）は，ただでさえハードルが高いと考えている方も多いでしょう。それはもしかすると，障害者の「障害」以外の部分に注目しなかったり，「障害があってかわいそうだから声をかける・お手伝いをする」と考えてしまっていたりするのではないでしょうか。

　しかし，これでは，障害者は「サポートを受ける立場」であり，自分のやってもらいたいことを正しく伝えられず，声をかけてくださった方も何をやってあげればよいかわからず，ハードルは下がりません。対等な関係とも言いづらく，お互いの距離を縮めることは，難しいのではないでしょうか。

　障害があることを意識せずに，「気軽に」声をかけられることが，対等でよい関係をつくり，お互いの「幸せ」の第1歩だと私は考えています。

┌─●●コラム6●●─

認知症について「正しい理解」を子どもたちの教育の現場で

伊藤俊彦
（認知症当事者）

　私は現在75歳（2018年当時）です。定年で退職した後の数年間を，同じ職場で委嘱された仕事を続けた後の2011年に，北海道から宇治市へ夫婦で移住しました。翌年の2012年に，妻の勧めで，府立洛南病院を受診し68歳の時に「アルツハイマー型認知症」と診断されました。

　宇治市へ移住の動機は，娘が結婚後当地へ住み，出産後に体調を崩し，子育てで苦労をしている様子を妻が知ったことで，その助けにとの思いからでした。

　認知症と診断されてから9カ月後に，府立洛南病院で始まった若年性認知症デイケア・テニス教室や絵画教室に参加する事ができました。これも治療の一貫と受け止め，同じ病気仲間・家族と交わり，試合の勝ち負けを楽しみ，そして，絵画では己の描く能力のバロメーターと捉えて，今も継続して各々を楽しんでおります。

　このテニス教室当事者仲間との出会いが基盤となり，2015年3月に出された「認知症のひとにやさしいまち・うじ」市長宣言以来，宇治市の認知症事業と深く関わる事になりました。そのなかで，京都文教大学との関わりは2016年からで，京都文教大学と宇治市との協働事業「宇治市認知症アクションアライアンスに関する当事者研究」においてですが，昨年度から「ともいきフェスティバル」・大学れもんカフェ内にて，宇治市立槇島小学校5年生の子ども記者から，認知症について，インタビューを受けております。

　以前私は，「認知症の人にやさしいまち・うじ」実現に何が必要かを問われまして，そのなかの1つとして，地域理解の学校教育の場での認知症の正しい理解を持ってもらえる取り組みを進める事を挙げました。三世代が共に暮らす家庭が減り，子ども達が早期に認知症の人と接する事は多くはなく，子ども達が，判断力が低下していく人と出会う機会を増やすことも，今後の社会教育にとって必要と考えたからです。

　このような経緯があって，2016年から宇治市立小倉小学校6年生に向けて，毎年12月に「認知症当事者」として，この病気について話をしております。

　その時に書かれた感想文の中に，「認知症の人が話した！」「もしも自分が認知症になった時には，今日のお話を参考にしたい」等々が書かれていて，思いがけずも笑ってしまった事を，本文を書きながら思いだしております。

　改めて考えてみますと，世間一般の人たちが，この病を如何ほど理解しているので

宇治市立小倉小学校での小学生たちへの語り

大学れもんカフェでの子ども記者への語り

しょうか？　風邪でさえ，「鼻風邪」「熱が出て咳を伴う」「熱はないが，咳が出て苦しい」「熱は有っても，咳や痰は伴わない」等々と，その現れる症状は多様であるのと同様に，認知症の症状もまた，個々人で異なるのです。「物忘れをする」「話の理解が困難」等々の障がいすべてを，当事者が有しているのではありません。これら，一人一人違う事を子ども達にも伝え，理解が進んできている事を実感しております。

　次の社会を担う子ども達が，高齢者福祉の現実を学び，伝え合い，認知症の理解がより進んで行きます事を，認知症当事者として期待致します。

4 「地域の良さ，歴史・史跡・伝統文化等や観光」をテーマに
——第6学年の事例——

（1）「地域の良さ，歴史・史跡・伝統文化等や観光」の教材化にあたり大切なこと
1) 学校教育における「地域学習」

　地域を題材に様々なテーマで学ぶことは，総合的な学習のなかでも基盤になることといえる。第3〜5学年のテーマは，すべて地域に関係付けられる事項を取扱っているが，第6学年では地域そのものを取扱うことになっている。

　小学校学習指導要領（平成29年告示）解説では，総合的な学習と教科の学習活動との関係を次のように述べている。

> 　総合的な学習は，（略）各教科等で身に付けた資質・能力を相互に関連付け，学習や生活に生かし，それらが総合的に働くようにするものである。

　地域学習を主に取り扱う教科は社会科であるが，これまで多くの社会科教育学者により，地域を教材とする意義について各書籍等で述べられてきた。ここではその源流ともいえる，朝倉（1989）の4つの観点を挙げておく。

①　地域は社会事象を意味付ける場である

　宇治は京都府の一都市という位置づけもできるが，大阪大都市圏に含まれている。日帰り観光客の多くは発地が大阪の場合が多い。またグローバル化も進んでおり，たとえば農業で使う肥料や種も影響を受けている。これらの事象は抽象的内容であるが，実体験を伴うことで内容を容易に理解できる。

②　地域は社会生活の原則を発見させる場である

　宇治にはかつて巨椋池があったが，現在は干拓化されている。なぜ干拓されたか，他の湖沼と比べてなぜ早い時期だったのか，その頃の時代背景は何だったか，京都に都を置いた理由と巨椋池の関係など，様々な学問をアプ

ローチとした科学的裏付けにより地域の具体的な姿がわかってくる。

③　地域は社会の発展を願う気持ちを養う場である

　社会科見学で製造工場などに見学に行くと，その製品を見るたびに愛着が
わくのと同じように，地域を学ぶことは地域に愛着を持つことにつながる。
児童生徒の居住している宇治が，たとえ様々な困難を抱えていても，それを
克服して生まれ育った街を誇れる街にしたい気持ちは，涵養されるものであ
る。

④　地域は社会科の学習能力を育成する場である

　①～③までの内容を読めばわかるように，地域「を」学ぶことは社会科で
行われるものであるが，地域「で」学ぶことは社会科だけのものではない。
地域を題材とした学習を社会科以外でも活用しようという認識をもつことが
できれば，総合的な学習における地域学習の広がりが期待できると思われる。

　それでは次に，社会科における各学年の学習構成について確認しておく。

　2017（平成29）年に告示された学習指導要領では，学習内容が小学校での学
びが中学校で学ぶ3分野への連続性を意識して記載されている。表5-1に見
られるように，教科の学びとの関連性を深めることと，限られた時間数で効率
よく学習内容を消化すること考えれば，通常であれば5年生あたりで地域学習
を行うことが妥当のように見られる。しかし，宇治市教育委員会で副読本の
テーマ設定をするにあたり熟慮した結果は，地域学習をあえて第6学年に位置
づけることであった。第6学年に置いた理由の1つとしては，宇治の地域性に
よるものである。宇治市は平等院鳳凰堂に代表されるように平安時代から藤原
氏の荘園，別業地として栄えた。紫式部の『源氏物語宇治十帖』や百人一首で
も詠まれた地であり，室町時代以降は茶業で栄え，現在でも宇治茶は日本を代
表するブランドである。このように歴史や文化の面で際立った特徴をもつため，
わが国の歴史を学ばないなかでの学習よりも，歴史と並行させて得られる効果
をねらっている。

　第6学年に地域学習を置く効果として，表5-1のとおり中学校の「地理的

130

表5-1　小学校社会科における各学年での学習内容

学　年	取り上げる内容	地理的環境と人々の生活
第3学年	市を中心とする地域社会に関する内容	身近な地域や市区町村の様子
第4学年	県を中心とする地域社会に関する内容	都道府県の様子 県内の特色ある地域の様子
第5学年	我が国の国土と産業に関する内容	我が国の国土・自然環境の様子と国民生活
第6学年	我が国の政治と歴史，国際理解に関する内容	（記載なし）

（出所）「小学校学習指導要領」（平成29年告示）より筆者作成。

分野」につながる内容がないことを考えれば，小中一貫教育を進める上で，6年生での地域学習は非常に妥当な配置といえる。第3〜5学年で身につけた社会科における地域の見方・考え方を総合的に働かせ，他教科での学びも含め適宜必要に応じて総合的にそれらの学びを活用することが期待できる。

2）「宇治学」における地域学習
①　郷土副読本との関係性
　身近な地域である市区町村（「市」）の学びについて，学習指導要領では，地理的環境，地域の安全を守るための諸活動や地域の産業と消費生活の様子，地域の様子の移り変わりといった内容を理解することとしている。
　ところで，宇治市に限らず全国の小学校3，4学年における地域学習では，この身近な地域の学習に，文部科学省検定済の教科書ではなく，各自治体の教育委員会が出版する郷土副読本が使用されている。この理由として，検定済教科書は全国の地域を網羅することに限界があり，上記の地域の環境，安全，産業，消費生活，移り変わりといった項目について，一般的な記述で留まっていることによる。そのため，副読本はご当地色のあふれる記載が中心となっている。
　宇治市では『わたしたちの宇治市』が発行され，これまで小学校を中心に使用されてきた。この副読本では，市の概要とともに，商業，産業，移り変わり，環境，安全といった項目を取り扱って記載されている。しかし，内容を見ると

はじめて社会科を学習する小学校3年生向けにわかりやすくするため，市内にある様々な文化財や施設等について写真を中心とした紹介程度に留まっている。

単元構想時には，この副読本との関連性についても議論された。その結果として，郷土副読本と宇治学副読本の差別化をはかるため，郷土副読本では内容知を中心とした構成として従来のまま残し，第3学年から始まる宇治学の「宇治茶」「環境」「福祉」などのテーマで内容を学び，第6学年から始まる歴史も学びながらより深く地域を知り，さらにその知識を活用して課題追究型の学習を進めることとしている。そのため宇治学副読本編集時には，内容をどの程度に絞るのかが相当議論された。これは，副読本に情報を盛り込みすぎるほど，副読本の内容に縛られ授業の方向性が定まってしまうことにより学校独自のアイディアが発揮できないことの懸念や，その情報を身につけることに終始して課題追究に至らないことを危惧してのことである。一方で，宇治市民であれば誰もが知っているべき最低限の情報を盛り込む必要性と天秤にかけることに苦慮し，情報の精選がはかられた。

②　観光都市としての宇治と多様な都市機能をもつ難しさ

ところで宇治市は，「平等院とお茶のまち」としてのイメージが非常に強い。観光客も多く訪れ，京都府内では京都市に次いで2位である。そもそも貴族の別荘地であり，朝日山や仏徳山の緑と季節の花に囲まれた景勝地であって，それらを楽しむ宇治川遊覧は人気があった。

観光資源としての価値が高い地域を教材として学習するのは，有名な歴史上の人物を調べるのと同じように児童生徒には興味がわきやすく，非常に教育効果が高い。そのため，副読本作成の企画立案当初，6年生の地域学習について，「観光宇治」として観光を前面にしながら展開する案もあった。しかし前述の観光地としての宇治は，平等院を中心に歴史・文化遺産が多く見受けられる中宇治地区周辺の地域であり，これは市全体の中でも限られた地域である。

宇治市全体をみると，一言で表現するなら「日本の縮図」ともいえる特徴を多く有している。日本国内にある都市のなかでも非常に多様な側面を持ち，まさにこれまで日本の歴史を歩んできた姿が市の様子に現れている。具体的には

次のような事象が列挙できる。

○　歴史・文化的遺産（平等院鳳凰堂や宇治茶など）を資源とした観光地

○　大型公共事業による地域の活性化（電気事業の推進と繊維工場の誘致，巨椋池干拓による農業等の展開，治水を目的とした天ヶ瀬ダム整備）

○　鉄道交通（JR線，近鉄線，京阪線，地下鉄等）の発達とベッドタウン化住宅地開発と醍醐山地の過疎地域（市域の半分以上が山林地帯）の混在

○　京滋バイパス開通と地域の変化（農地→工場，ロードサイドショップ等）

　そのため，副読本作成にあたっては，すべての6年生が必ず中宇治地区へフィールドワークをするが，中宇治地区中心の副読本にならないよう配慮している。また，たとえ学区に有名な観光資源がなくとも，地域の良さを見つけられるよう，フィールドワークでの視点や地域との関わりに配慮をしている。

（2）「『ふるさと宇治』の魅力大発信」の単元構想

　次に第6学年における，「『ふるさと宇治』の魅力大発信」の単元構想について述べる。

　（目標）「ふるさと宇治」の歴史・文化や自然などについて関心をもち，「ふるさと宇治」の魅力を進んで調べ，よりよい宇治作りを考え，発信しようとしている（図5-4）。

　「歴史・文化や自然」について，第3学年での宇治茶，第4学年での環境の学びで得られた知識等も活用することを念頭に置いている。「魅力」についてはやや漠然としているが，学びの範囲が拡散することを防ぐために，自然，産業，歴史，人とのふれあい等を指すとしている。

1）課題設定

　課題設定にあたっては，京都府全体が観光で有名であるが，宇治は京都市に次いで観光地として有名であり，世界文化遺産がある街として多くの観光客が訪れる市内の観光スポットの存在を知ることから始まる。最初はイメージだけでなく客観的な統計資料も用いて観光地としての事実を確認し，その上で，定

単元構想図　6年　　　　　**「ふるさと宇治」の魅力　大発信**　　　　[35 時間]

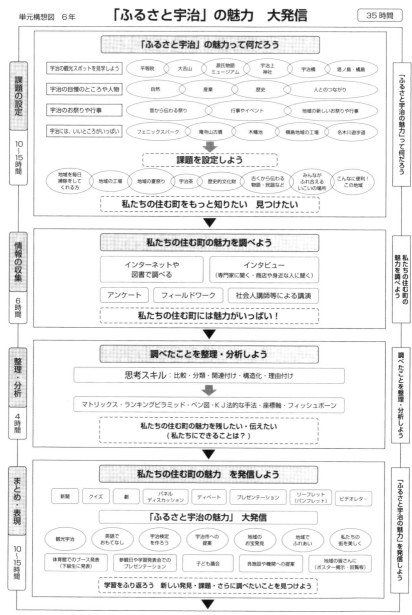

図5-4　第6学年の単元構想図

番となっている平等院鳳凰堂など宇治橋を中心としたエリアを実際に見学することにより，宇治の自慢できるところを改めて確認することとしている。見学にあたっては，事前調べを行って観光地としての魅力を再確認する。さらに理解を深めるために現地の店舗や観光客への直接質問をすることにより，当事者からの情報を入手しながら，児童生徒だけでは気づかなかった魅力（あるいは魅力と予想していたことが魅力ではなかったことも含めて）に気付くことができる。

　学区に歴史的建造物や文化財が多く存在する中宇治などの地域であれば，観光地としての宇治を課題設定・探究することで進められる。中宇治以外の地域であるなら，中宇治にはない魅力を考えたり，埋もれている地域の資源を見つけたり，さらにそれらを知らせたりするといった課題につなげることが期待できる。平等院は有名なので簡単に調べられるが，簡単に調べられない課題ほどわかったときの驚きは大きく，深い学びにつながるものである。

　総合的な学習での課題設定は非常に重要であるが，地域学習の場合は，フィールド出発前や実施中に，様々な事象の裏にあることを見つける視点を持たせること，またフィールドに出かけた後に，児童生徒同士が率直に意見交流をすることが重要になってくる。気付いたことを付箋で貼りまとめる段階で，新たな疑問が出てくるような働きかけができることを想定している。

　その際に必要なのは教師による的確な課題設定の支援である。具体的にフィールドワークでの一場面を考えてみよう。たとえば「宇治橋通り商店街」を歩き，電柱がないことに気付く。さすがにこの気付きを児童生徒だけでできたとしたら非常に希有なことであり，基本的には教師による現場での働きかけが重要になってくる。一方，景観のために電柱を地下化し道幅が広くなったとばかり，裏道のためスピードを出す車も多いことは，児童生徒でも歩けば何となくわかることである。その2つの事実がフィールドワーク後の情報交換で結びつけば，商店街は観光のためか地域住民のためか，児童生徒の考えは揺さぶられる可能性があり，学習が深まることが期待できる。

2)情報収集

ここでは私たちの住む街（あるいは宇治の観光）の魅力や課題（気になることや疑問など）について調べる計画を立てる。フィールドワークに出かける前にもある程度は調べておくと効果があるが，事後の場合は，目的・内容・方法を明確に検討する必要がある。

第6学年の場合は，インターネットよりも地域の人材を有効に活用したいものである。フィールドワーク時にボランティアガイドの方の協力を得る際にも単にガイドをしてもらうだけでなく，双方向のやりとりを促進させたい。

3)整理・分析

調査した内容を整理する際には，比較や分類や関連付けなどの分析をすることとなる。その際には，フィールドワークの結果を羅列するのではなく，次の段階の「まとめ・表現」を意識して発表に見合ったストーリーを作り，設定したテーマに見合った資料や写真等を選ぶことが求められる。もし，この段階で不足があれば再び調べ直し，補足情報を得たりすることも必要になる。

4)まとめ・表現

まとめ・表現では，①学級内でグループごとで発表すること，②学年で発表すること，③保護者や地域に向けて発表すること，の段階がある。可能であればすべての段階を行い，①から②へのステップではグループ間で出てきた意見を基に修正する時間も確保したいものである。

ただ最も大事なのは③である。地域のことは地域に暮らす人々がよく知っており，教師も含めたその地域の人たちの思いを捉えることは大事になるが，①と②だけに留まるようでは，単なる自己満足の発表に終わる可能性がある。③ができない場合でも，インタビュー等で児童生徒の学習活動に協力していただいた方に講評してもらい，さらに課題を追究するという双方向性の学習をしたいものである。

●●コラム7●●

宇治市の魅力を発信する

　宇治市観光協会では，世界遺産の平等院，宇治上神社を
はじめ，宇治の歴史，文化，景観をはじめ宇治茶や宇治茶
を使ったお土産やスイーツなど国内をはじめ世界へ紹介す
ることと，宇治に旅行に来た観光客に喜んでもらえるよう
に進めていく仕事をしております。

　具体的には，観光情報誌やポスター発行，ホームページ
等の開設，各地でのキャンペーン，旅行会社の訪問など情
報発信。また，「宇治川さくらまつり」「宇治川の鵜飼」
「宇治十帖スタンプラリー」など宇治に来て楽しめるイベ
ントの企画実施，宇治に来られた観光客を案内する観光案
内所の開設など地元の観光関係の方と一緒に活動しており
ます。特に近年外国人観光客が増え，Wi-Fiの整備や外国
語案内や両替の対応なども行っております。

多田重光
（公益社団法人宇治市観
光協会）

　また，宇治では春の桜，平等院の藤，三室戸寺のあじさい，秋の紅葉時期が観光客
に人気があり，その時期には駐車場不足や交通渋滞などの問題も抱え，電車など公共
交通機関を利用していただく呼びかけや，臨時駐車場の開設なども行っておりますが，
地元の人の理解と協力も必要となります。

　今，皆さん住んでいる宇治が今後益々発展していくには，宇治には他の地域にない
宝物が多くあり，その魅力を深く知っていただき，宇治が好きになり，将来はもっと
多くの観光客が世界中から宇治へ来ていただけるよう自慢していただきたいと思いま
す。「訪れて良し，住んで良し」の宇治市に育ててください。

宇治を再発見しよう！

田中保治
（宇治観光ボランティアガ
イド）

　私たち宇治観光ボランティアガイドクラブは宇治に来られる観光客や修学旅行生などをご希望されるところにご案内しご説明する活動を二十余年にわたり続けています。ガイドする場所はおもに平等院をはじめ寺社仏閣や宇治茶に関連するスポット，また源氏物語宇治十帖にゆかりの場所，天ケ瀬ダムや太閤堤などの宇治川の流域など，多くのところです。それも宇治が長い歴史を持ち，お茶どころや文学ゆかりの町としても全国に名前が知られているから多くの方が宇治を訪れるのです。最近は外国の方をご案内することも増えています。

　宇治市内の 6 年生をご案内することもあります。フィールドワークとして調べたい場所をグループで巡り，その場所でガイドの私たちに質問をしたり説明を聞いたり，現地でしかできない学習活動を熱心にしています。そのようなみなさんとの交流の中から私たちはみなさんへ次のようなメッセージを送りたいと思います。

　「宇治の魅力を発信する」というテーマの活動の基本が「宇治学」ですが，魅力を発信するためには，どうしたらよいのでしょう。そのためにはまず宇治のことを自然や歴史そして各地域の伝統行事や産業などの面から興味を持って調べることが大切ですね。私たちガイドクラブにはご案内したお客様から「宇治は本当にいい所ですね」とか「今回行けなかったところにぜひ行きたいのでまた来ます」「宇治に住んでいる人がうらやましいです」などの感想が寄せられます。ですから，宇治に住むみなさんがまず宇治のことをもっともっと知ってほしいのです。

　もう一つ発信するために大事なことは自分たちの住む町を知るだけでなく，もっと好きになってほしいのです。好きになるためには自分の目で見，自分の足で歩き，自分の心で感じることが必要でしょう。すなわち目的意識を持って自主的に調べるようにしてみましょう。例えば自分が観光客になったつもりで，宇治の

宇治フィールドワーク（菟道第二小）でのガイド，集合場所の平等院前でご挨拶（2017年 6 月撮影）

宇治フィールドワーク（菟道第二小）
でのガイド，「宇治上神社の魅力をさぐ
る」グループと歩く（2018年1月撮影）

　町を歩いてみる，また自分がガイドになったつもりで家族や友達を案内してみる，自分がカメラマンになったつもりであちこち写真を撮ってみる，などのことはいかがでしょう。そうすれば，きっと宇治を再発見してもっと宇治が好きになることでしょう。
　自然に恵まれ，世界遺産の寺社が2つもある町，長い歴史や心に残る文学の地，先人の苦労を受け継いだお茶どころ，鵜飼や祭りなど伝統を大切にする町そんな「宇治」に住んでいることを誇りに持って学んでください。

5　「災害時の対応や災害に強い宇治市」をテーマに
――第7学年の事例――

（1）「災害時の対応や災害に強い宇治市」の教材化にあたり大切なこと

1）自然科学教育の重要性

　2018年の世相を表す漢字1文字は「災」であった。近年，私たちがこれまでに「かつて経験してこなかった」自然災害が多く発生しているとされる。その声が防災教育を後押ししているともいえる。

　しかし考えてみれば，「観測史上初」といっても近代的な観測が気象庁によって始まってから150年程度しか経過していない。地球の歴史46億年から比べれば，150年という年月は気象学的にも地質学的にも非常に短いスパンにある。確かに地球温暖化などの影響により，自然の営みに比べて気温上昇が急速なことは事実であるが，地震や火山などの活動は何も驚くことではない。

　日本の自然の営み単体は災害ではなく，人間の営みに影響を与えた場合に災害となるのである。小学校では川の3つの作用（浸食・堆積・運搬）を学習し，V字谷，扇状地，三角州などの地形の形成を学習するが，この形成過程がそこに生活する人々に人的・物的な影響を与えれば災害になるのである。自然が豊かな国でその豊かさを享受しているのであれば，自然災害とは隣り合わせであることは忘れてはならない。

　現在の生活では，自然の営みを感じながら自然とともに暮らす機会が減り，また自然科学の分野を学ぶ機会も少なくなってきている。大学受験時に地理や地学を科目に設定している大学が少なくなり，高校でも履修者が少ないため科目を置かないことが多くなっている。幸い，地理歴史科の科目「地理総合」が2022年より必修となるが，自然地理を学ぶ機会は少ない。「災害を正しく恐れる」ことの重要性がよくいわれるが，第4学年の環境学習の時の学びを活かして，自然環境をまずは理解したい。

　宇治はもともと別業地（貴族の別荘地）であった。当時の貴族たちが別業地を選ぶ際には，平安京内の住まいとは別に自然との接触を楽しむ場所として造

営されたという由来がある。宇治も同様に，山々や谷などに囲まれた自然豊かな場所という特徴をもっている。その後の時代に，豊臣秀吉による宇治川の流路が変更と太閤堤などの堤防の造営が早い時代から行われ，近代には巨椋池の干拓，第二次世界大戦後は天ヶ瀬ダム建設と宅地造成といったように，自然環境に次から次へと手を加えた歴史がある。地域の歴史は第6学年に学んでいるが，防災・減災を学習する際には，地域の自然の営みと結び付けるところから始めたいものである。

2)「被災地」と「未災地」

「9月25日は何の日か？」との問いに，宇治市民は果たして何人が答えられるだろうか。

1953（昭和28）年という情報を加えると，正答率は上がるかもしれない。

この日は，台風13号による大雨で宇治川が決壊し，大規模な浸水被害を及ぼした災害が発生した日である（図5-5）。同年は，8月にも南山城水害が発生し隠元橋が流出する被害を受けており，まさに当時の宇治市民やその周辺住民にとって，「災」の1字があてはまる年であったことと想像できる。

宇治市では，2012年に弥陀次郎川などの中小河川が決壊し犠牲者も出ている。翌2013年には大雨により，全国初となる特別警報が出されて上流の天ヶ瀬ダムのクレストゲート（異常洪水時の放水ゲート）をはじめて開放・放水されているように，記憶に新しい平成の時代にも水害に直面している。しかし，昭和28年水害のように，年月が経過するとともに記憶が薄れていき，危機意識が遠くなっているのも事実である。

全国の高校で初の防災科が創設された兵庫県立舞子高校で，開設時より科長を務め防災教育プログラムを開発した諏訪清二氏が使用する言葉に「未災地」という言葉がある。今はまだ災害の被害を受けていないか，災害の記憶を持つ人がいなくなった地域のことを指し，「被災地」の対義語としている。まだ記憶に新しい過去に甚大な被害が及んだ地域であるほど，防災教育に関する充実した取組が行われ，また，児童生徒も教員も防災に対する意識が高く，防災が

図5-5　宇治市政だより
（出所）　水害特別号より（昭和28年10月10日発行）。

地域の文化として根付いている。宇治は「未災地」になろうとしつつある地だ
とすれば，「宇治学」で防災を行う意義は非常に高いといえよう。

3)学校教育における防災教育の位置づけ
　学校における防災教育は，防犯や交通安全等の安全教育の一環として行われ

ている。

　安全教育の目標は，学校内外における日常生活全般における，児童生徒の安全確保のために必要なことを実践的に理解し，自他の生命の尊重を基盤として生涯を通じて安全な生活を送る基礎を培うとともに，進んで安全で安心な社会づくりに参加し貢献できるような資質や能力を養うことにある。

　防災教育のねらいは，「『生きる力』をはぐくむ学校での安全教育」に示した安全教育の目標に準じて，次の3つにまとめられている。

　ア　自然災害等の現状，原因及び減災等について理解を深め，現在及び将来に直面する災害に対して，的確な思考・判断に基づく適切な意志決定や行動選択ができるようにする。（知識，思考・判断）

　イ　地震，台風の発生等に伴う危険を理解・予測し，自らの安全を確保するための行動ができるようにするとともに，日常的な備えができるようにする。（危険予測，主体的な行動）

　ウ　自他の生命を尊重し，安全で安心な社会づくりの重要性を認識して，学校，家庭及び地域社会の安全活動に進んで参加・協力し，貢献できるようにする。（社会貢献，支援者の基盤）

　ところで自然災害は，学校管理下の時間に必ずしも発生することがないのは，過去の災害でも経験済みである。そのため，児童生徒自身が災害時のことを想定できなければならないが，想定した被害を超える災害が起こる可能性も常にあり，自ら危険を予測し回避するために，習得した知識に基づいて的確に判断し，迅速な行動をとることができる力を身につけることが必要となってくる。そのために児童生徒は，日常生活においても状況を判断し，最善を尽くそうとする「主体的に行動する態度」を身に付けさせることがきわめて重要である。

　また，災害後の生活，復旧，復興を支えるための支援者となる視点も必要である。ボランティア活動は，他人を思いやる心，互いを認め合い共に生きていく態度，自他の生命や人権を尊重する精神などに支えられている。より良い社会づくりに主体的かつ積極的に参加・参画していく手段としても期待されてい

るが，このことも学校における安全教育の目標のひとつとなっている。児童生徒が，進んで安全で安心な社会づくりに貢献できるような資質や能力を養うことが重要である。それらの知識や能力等を児童生徒に身に付けさせるためには，発達の段階に応じた系統的な指導が必要である。年数回の避難訓練時の全体指導やその前後の学級活動等で行われるだけの指導では足りないことは明白となっている。

　小学校から高校までの系統的な指導のなかで，「『生きる力』をはぐくむ学校での安全教育」では，中学校段階における防災教育の目標を「日常の備えや的確な判断のもと主体的に行動するとともに，地域の防災活動や災害時の助け合いの大切さを理解し，すすんで活動できる生徒」としている。

　防災教育に関する指導計画は，学校教育活動全体を通じて，防災計画を組織的，計画的に推進するための基本計画である。前述の防災教育の目標とともに，総合的な学習だけでなく，各学年の指導方針，各教科，道徳，特別活動（HR活動および学校行事）などの指導内容，指導時期，配当時数，安全管理との関連，地域の関係機関との連携などの概要について明確にし，項目ごとに整理し，全教職員の共通理解を図って作成することが大切としている。

　防災教育の指導計画作成にあたり配慮すべき事項は下記のとおりである。

① 全国に共通で指導すべき内容と学校所在地域の自然や社会の特性，実情等に応じて必要な指導内容等について検討し，家庭，地域社会との密接な連携を図りながら進めること

② 学習指導要領等における防災教育に関連する指導内容を整理し，課外指導等も含め各教科等の学習を相互に関連付けるなどして，教育活動全体を通じて適切に行えるようにすること

③ 防災教育に関する指導計画は，系統的・計画的な指導を行うためのものであるが，年度途中で新しく生起したり，緊急を要する問題の出現も考えられ，必要に応じて弾力性をもたせること

④ 避難訓練の計画を立てる際に，学校等の立地条件や校舎の構造等に十分考慮し，多様な自然災害を想定すること。その際，災害発生時間に変化を

持たせ，児童生徒等が様々な場所にいる場合にも自らの判断で安全に対処
できるように配慮すること

⑤　防災教育の授業を実施するに当たっては，児童生徒等が興味関心を持っ
て積極的に学習に取り組めるよう，各種教材を活用すること

⑥　児童生徒等が体験を通して勤労の尊さに気付き，社会に奉仕する精神を
培うことができるよう，日ごろから地域社会のボランティア活動等と連携
すること

⑦　障害のある児童生徒等は，個々の障害の状態等に応じて指導を工夫する
こと

⑧　防災教育の推進に当たっては，家庭，地域（自主防災組織等）と連携した
実践的な防災教育の実施について検討すること

⑨　保護者参観等の機会を捉え，防災講演会を開催したり，地域行事への参
加を促すなど，日ごろから「開かれた学校づくり」に努めること

⑩　教職員の防災に関する意識を啓発し，防災教育に関する指導力の向上を
図るため，防災教育・防災管理に関する教職員の研修を計画し，実施する
こと

⑪　学校は防災教育の評価を多面的に行うこと

（2）「命　そして『ふるさと宇治』を守る」の単元構想

　では次に，副読本の学習過程を確認する。テーマは「命　そして『ふるさと
宇治』を守る――私たち中学生としてできること」である。ここには，自らの
命とともに地域の命を守ることために中学生としてできること，地域社会から
も中学生として期待されていることが願いとしてテーマに盛り込まれている。
いわゆる「自助・共助」の意識を高めることであり，単なる自然災害の調べ学
習に終わらず，災害を対岸の火事とみなさず自分事として捉えることの重要性
をテーマにメッセージとして盛り込んでいる。

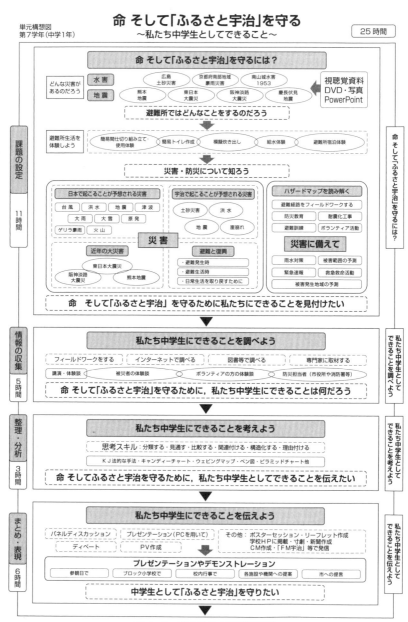

命 そして「ふるさと宇治」を守る
～私たち中学生としてできること～

単元構想図
第7学年（中学1年）

25 時間

命 そして「ふるさと宇治」を守るには？

どんな災害が
あるのだろう

水 害
地 震

広島
土砂災害

熊本
地震

京都府南部地域
暴雨災害

東日本
大震災

南山城水害
1953

阪神淡路
大震災

慶長伏見
地震

視聴覚資料
DVD・写真
PowerPoint

避難所ではどんなことをするのだろう

避難所生活を
体験しよう

簡易間仕切り組み立て・
使用体験

簡易トイレ作成

模擬炊き出し

給水体験

避難所宿泊体験

災害・防災について知ろう

日本で起こることが予想される災害

台風　洪水　地震　津波

大雨　大雪　原発

ゲリラ豪雨　火山

近年の大災害

東日本大震災

阪神淡路
大震災　　熊本地震

宇治で起こることが予想される災害

土砂災害　　洪水

地震　　崖崩れ

災害

避難と復興

・避難発生時
・避難生活時
・日常生活を取り戻すために

ハザードマップを読み解く

避難経路をフィールドワークする

防災教育　　耐震化工事

避難訓練　　ボランティア活動

災害に備えて

雨水対策　　被害範囲の予測

緊急速報　　救急救命活動

被害発生地域の予測

命 そして「ふるさと宇治」を守るために私たちにできることを見付けたい

私たち中学生にできることを調べよう

フィールドワークをする　　インターネットで調べる　　図書等で調べる　　専門家に取材する

講演・体験談　　被災者の体験談　　ボランティアの方の体験談　　防災担当者（市役所や消防署等）

命 そして「ふるさと宇治」を守るために，私たち中学生にできることは何だろう

私たち中学生にできることを考えよう

思考スキル：分類する・見通す・比較する・関連付ける・構造化する・理由付ける

KJ法的な手法・キャンディーチャート・ウェビングマップ・ベン図・ピラミッドチャート他

命 そしてふるさと宇治を守るために，私たち中学生としてできることを伝えたい

私たち中学生にできることを伝えよう

パネルディスカッション　　プレゼンテーション（PCを用いて）　　その他：ポスターセッション・リーフレット作成

ディベート　　PV作成

学校HPに掲載・寸劇・新聞作成
CM作成・「FM宇治」等で発信

プレゼンテーションやデモンストレーション

参観日で　　ブロック小学校で　　校内行事で　　各施設や機関への提案　　市への提言

中学生として「ふるさと宇治」を守りたい

課題の設定　11時間

情報の収集　5時間

整理・分析　3時間

まとめ・表現　6時間

命 そして「ふるさと宇治」を守るには？

私たち中学生としてできることを調べよう

私たち中学生としてできることを考えよう

私たち中学生としてできることを伝えよう

図5-6　第7学年の単元構想図

146

1)課題設定

　防災の学習は非常に広い範囲の領域に及ぶが，まずは日本における自然災害の種類や，過去における災害の実情を知ることから始まる。さらに宇治で発生した災害についても確認をするとともに，今後発生しうる災害について，地震や水害を中心としてまとめる作業をする。この部分はやや百科事典的になるが，自然災害は毎年のように発生してニュースでも身近になっており関心は高いので，必要な知識をしっかりと獲得することから始めていく。

　次に行うのが，机上の調べに留まらずに体験を通して災害を理解することである。副読本では次の体験を具体的に例示している。

　　・避難所体験をしよう：「簡易間仕切り組み立て・使用」「簡易トイレ組み立て」「非常食体験」「給水体験」「宿泊体験」
　　・防災町歩きをしよう：「ハザードマップ点検」「避難経路危険個所チェック」「マイ防災マップ作成（詳細なハザードマップ作り）」
　　・シミュレーション：　「避難所運営ゲーム」「災害時応急救護訓練」「クロスロード」

　体験の前後では，実際の災害時の避難行動について事例を再確認したり，体験ではわからない実際の避難行動をとる際の注意事項や避難所の状況などを学んでいく。

　一連の予備知識を得たところで，「ふるさと宇治」を防災から守るため，私たちができることや課題等をみつけるための課題設定を行う（図5-6）。

2)情報収集

　課題設定の段階では防災に関して広く情報を集めるが，私たちができることや課題を考察する際には，調査する内容はかなり絞られてくる。

　調べる際にはインタビューやインターネットなどの情報収集，さらに講演などにより集めることとなる。

　災害時の記録をアーカイブとして残す動きは，現在，国立国会図書館で推進

されている。東日本大震災アーカイブ構築プロジェクトでは，大震災の記録を永遠に残し，広く学術関係者により科学的に分析し，その教訓を次世代に伝承し，国内外に発信することが掲げられ，ポータルサイト「ひなぎく」が開設されている。

3）整理・分析

防災が関連する学問領域は非常に広いため，防災関連の情報はたくさん集まるものと思われる。ただし，「災害は生もの」といわれるように，災害が発生した年代だけでなく，同じ災害でも発生した場所によって，また発災した時間等によっても，人々の対処と対応が異なることが多い。生徒の整理・分析力が未熟な部分を考えると，ある程度のサポートも必要になる箇所である。

4）まとめ・表現

まとめでは，グループ活動等で得られたことについて発表するが，単なる事実関係の調べで終わらせることなく，自分たちにできる具体的な提案事項や行動計画，問題解決の方策を話し合うなどのことをしたい。また，発表は保護者だけでなく地域の自主防災組織など学校外との関連も持ちながら進め，さらに地域の方から意見を聴取してさらに深めるなどといった工夫も欲しい。

─●●コラム9●●──

地域防災の担い手育成のために

　中学1年生の「宇治学」副読本のテーマは，「命そして『ふるさと宇治』を守る～私たち中学生としてできること～」です。槇島中学校では，この副読本に掲載されている避難所体験を，実際に学校に宿泊し，本格的に行っています。避難所体験での主な学習は，避難所の設営や支援物資の運搬，けがの応急手当等大変実践的な内容です。

大原　豪
（宇治市危機管理室主任）

　私たち危機管理室は，楽しみながら学んでもらえるよう，非常持ち出し袋の作成にある程度のゲーム性を持たせた宇治市のオリジナルゲーム「MUG（持ち出し袋運用ゲーム）」を作成し，この避難所体験で講師として招かれた際，中学生の皆さんにこのゲームに取り組んでもらいました。

　このゲームは，普段はカードを用いてワークショップ形式で行います。しかし，中学校では，「避難所生活をするうえでどのようなものが必要かを事前に各班で話し合い，実際に家から必要と思うものを持ってきてもらう」という，より実践的な方法で行いました。停電やけが等の災害時に起こりうる出来事に対して，自分たちが家から持ってきたものが，非常持ち出し袋の中身として役に立つものかどうか話し合います。その後答え合わせをするといった流れで行い，持ち出し袋の中身について自ら考え，学びました。

　「非常持ち出し袋を用意しておいた方が良い」ということは誰もが思うことでしょう。しかし実際に用意している人はまだまだ多くはないと思います。今回のように実際に持ち出し袋を作ってみると，必要と思われるものが入りきらないなど取捨選択を迫られ，意外と大変であることが実感できます。

　このように，実際に避難所内で起こる様々な出来事を疑似体験することは，現実に自身に降りかかる問題としてとらえることができ，必ずやそれぞれの家庭での防災対策につながっていくものであると，期待しています。

　避難所の開設は，市長の判断のもと市職員や教員が協力して行いますが，避難所の運営は，地域や避難者自身で協力して行っていただく必要があります。

　「宇治学」副読本の学習は，災害に対しての具体的なイメージを持ち，避難した後のことや，地域の中での自分の役割などを当事者として考える事ができる大変貴重な学びです。自ら考え，意見を出し合い，中学生でもできること，中学生にしかできな

槇島中学校における避難所宿泊体験での「ＭＵＧ（持ち出し袋運用ゲーム）」
（2017年9月15日撮影）

いことを見つけ出し，中学生が積極的に参画するきっかけになるに違いないと考えて
います。
　今後，中学生の皆さんは，学び，成長し，できることがどんどん増えていきます。
この「宇治学」での経験や学びが，彼らの今後の可能性を大きく拡げてくれるものに
なることを願って止みません。

防災・減災活動に携わって

「宇治学」と聞いて「ふるさと宇治づくり」のこ
とと思いました。小学生から中学生の間に生活環境
から自然の大切さを学び，ふるさとの人々の生命財
産を守る防災学習。現在の子どもたちが自ら取材・
調査をし，「探究する心」から興味を持ち課題解決
へと進み，わがふるさと宇治の歴史を創る人となる
よう期待します。

私自身の小学校時代を思い起こすと，夏休みは宇
治川で泳ぎ（現在は水泳禁止），堤防で採取した四
季の草花の押し花を集め，河原の石を採取し石の形
から水の流れを学ぶなどしたものです。担任の先生
からは「人間は自然の中で生活しているから自然・
現場を知ること」が課題解決の糸口を見出せると教

西山正一
（宇治市槇島東地区防災対
策会議）

えていただきました。また，中学時代は歴史から地域の変転と先人の苦労を学びまし
た。宇治川堤の下で生まれ育ち，特に水害・台風・地震等災害の歴史に興味を持ち，
「防災・減災の重要性」の理解の大切さを知りました。

私自身，前職で災害対策関係に従事し，阪神・淡路大震災では第1次レスキュー隊
として復旧支援活動に従事しました。現在，槇島地区防災対策会議に参画し「地域防
災力向上」をめざし「防災・減災の基本動作」の大切さを実践しています。毎年，防
災施設見学会・救急講習会・地域防災訓練等の役立つ行動を続けています。平成30年
6月には，京都文教大学，淀川・伏見出張所管内河川レンジャーと連携した「地域限
定　マイ防災マップ」の作成にフィールドワークを行いました。前日に発生した大阪
府北部を震源とした地震を受けて，児童生徒の通学ルートのブロック塀も注意箇所と
して記載しました。「災害は忘れず，必ずやってくる」ので，今後想定外の災害に対
して常にシミュレーションが重要で，見方・考え方等を豊富にもつことを地域の人た
ちと話し合い協力する力をつける努力が必要と思います。

防災教育を支援する私としては，各校の地域の災害史と災害などへの危機意識を伝
え，学びのヒントを説いています。その結果，①生徒たちが防災劇を演じ認識を新た
にしたこと　②避難所運営を仮体験し，衣・食・住の環境整備行動に臨んだこと　③
グループによる調べ体験学習として防災センター・防災拠点病院・天ケ瀬ダム等へフ
ィールドワークを行い，主体的に知識を得たこと　など，先生方の指導と生徒たちが
主役となって防災学習に漸進していることに心強く思いました。

北宇治中学校での防災講演会より

町歩きによるハザードマップ「マイ防災マップ」の作成

　「宇治学」で学んだことを，今後の社会生活にいかし，宇治市に住んでいても他の市町村へ転居しても忘れずに知恵を活かし「宇治学」を実践することを期待します。

6　「職場体験を中心にしたキャリア教育」をテーマに
――第8学年の事例――

（1）「職場体験を中心にしたキャリア教育」の教材化にあたり大切なこと

1) 学校教育におけるキャリア教育の位置づけ

　キャリア教育の必要性が提唱されたのは，1999（平成11）年の中央教育審議会の答申からである。同審議会で，「キャリア教育は小学校段階から発達段階に応じて実施すること」「家庭・地域と連携し，体験的な学習を重視するとともに，学校ごとに目的を設定し，教育課程に位置付けて計画的に行うこと」が提言され，今日に至っている。

　2011（平成23）年の中央教育審議会の答申で，キャリア教育は以下のように定義されている。

> 　一人一人の社会的・職業的自立に向け，必要な基盤となる能力や態度を育てることを通して，キャリア発達を促す教育

　同審議会が，このような定義を示した背景に，とくに中学校において，職場体験活動の実施をもってキャリア教育を行ったものとみなす傾向が指摘されたことがある。キャリア教育が，勤労観・職業観の育成のみに焦点が絞られ，社会的・職業的自立のために必要な能力の育成が軽視されてしまっている傾向が見られる。職場体験活動が行事化し，こなすだけになっている実態もある。体験活動だけに留まるのではなく，職場体験を通じて，社会的・職業的自立のために必要な能力の育成を図るためのキャリア教育の実施が必要である。

　社会的・職業的自立のために必要な能力として，4領域8能力が示された（国立教育政策研究所，2002）が，提示されている能力は例示にもかかわらず，学校現場ではそれのみがキャリア教育の能力と固定的に捉えている場合が多か

った。そのため，2011（平成23）年の中教審答申では，その後に提唱された類似性の高い諸能力とともに$^{(1)}$，再構成して，「基礎的・汎用的能力」を提示した。同答申は，「生涯にわたる多様なキャリア形成に共通した能力や態度を身に付けさせることと併せて，これらの育成を通じて価値観，とりわけ勤労観・職業観を自ら形成・確立できる子ども・若者の育成を，キャリア教育の視点から見た場合の目標とすることが重要である」と指摘している。

　勤労観・職業観の形成を支援していくためには，一律に正しいとされる「勤労観・職業観」を教え込むのではなく，生徒一人ひとりが働く意義や目的を探究し，自分なりに勤労観・職業観を形成・確立できるように指導・支援を行うことが重要である（『中学校キャリア教育の手引き』25頁）。したがって，職場体験活動を中心としたキャリア教育を実施する際には，職場体験活動を自分なりの勤労観・職業観を形成・確立できる探究活動に位置づけて実施することが必要である。

　2）中学校段階におけるキャリア教育
　中学生の時期は，「自我の目覚めや，独立の欲求が高まるとともに，人間関係も広がり，社会の一員としての自分の役割や責任の自覚が芽生えてくる時期である。また，他者とかかわり，様々な葛藤や経験の中で，自らの人生や生き方への関心が高まり，自分の生き方を模索し，夢や希望を持つ時期である」とされている（『中学校キャリア教育の手引き』26頁）。これを踏まえ，各学校においては，キャリア教育の視点で各教科，道徳，総合的な学習の時間，特別活動などを体系的に位置づけ，カリキュラム・マネジメントを行い，能力や態度の効果的な育成を図ることが必要である。

　中学生の時期に行う職場体験活動は，職業や仕事を知るとともに，働く人の生活に触れて，社会の現実に迫ることが重要な課題となる。中学校段階では，知識として学ぶことと体験を通して学ぶことの両面から，現実社会の厳しさも含めて理解させることが求められる。職場体験活動は，その機会としてきわめて重要である。その際，これらの知識や体験が，生徒自らの将来と関係するこ

とを実感できるよう，生徒の事態や発達の段階を考慮した目標の設定と指導上の配慮が必要となる。

　必要な知識としては，社会・経済・雇用などの基本的な仕組についての知識，税金・社会保険・年金や労働者としての権利・義務などの社会人・職業人として必要な知識，男女参画社会の意義や，仕事と生活の調和（ワーク・ライフ・バランス）の重要性など，キャリアを積み上げていく上で最低限必要な知識などが挙げられる（『中学校キャリア教育の手引き』28頁）。こうした働く上での基本的な知識や社会情勢の変化などを構造的に理解させることによって，現実的な課題に対応する力を養うことができる。

　中学校段階では，将来の夢や就きたい職業は漠然としており，それを確定させることがキャリア教育の目標ではない。様々な体験等を通して働く意義や働く人の様々な思いを理解することによって，よりよい生活や学習，進路や生き方についての自らの課題を見出し，改善する努力をすることの大切さを理解することが重要である。学校での学習が自分の将来を築いてくれるという意義を見出すことができず，学習意欲が低下し，学習習慣が確立しないという状況が見られる傾向にあることから，キャリア教育の重要性はますます高まっていると言える。

3）キャリア教育における職場体験活動の位置づけ

　職場体験活動は，体験を重視した教育の改善・充実を図る取組の一環としての役割を担っている。職場体験活動は，学校の学習と社会とを関連づけた教育活動として，学校と地域との連携により実現される。そのため，学校から社会への移行のために必要な基礎的・汎用的能力を育む上で有効な学習の機会であり，キャリア教育の視点からも重要な役割を果たすものとして位置づけられる（『中学校キャリア教育の手引き』96頁）。

　職場体験活動は，全国の公立中学校の98.1％で実施されている（平成28年度）が，その形骸化が指摘されている（国立教育政策研究所調査，2018）。職場体験活動を一過性のもので終わらせるのではなく，将来の夢や職業，働くことなど，

自分の生き方について考えられるよう，体系的な指導を行うことが必要である。

　職場体験実施における課題として，職場体験の受け入れ事業所の確保が困難であることがある。中学生の段階では，事前指導を十分に行ったとしても，十分な就業体験ができるわけではない。事業所からすると手間がかかるだけでなく，安全性の確保など，気を使わなければならないことも多い。職場体験の時にだけ依頼するのではなく，日頃から生徒が地域の活動に参加し，事業所との連携を図っていれば，受け入れもスムーズになるだろう。「宇治学」の学習で，地域で様々な活動を行い，地域と連携していくことにより，地域協働型学習を積み上げていくことで，職場体験活動の受け入れ事業所の確保も容易になるとともに，充実した職場体験活動を行うことができる。

（2）「『ふるさと宇治』と生きる」の単元構想

1）課題発見

　ここでは，「ふるさと宇治」とともにこれからの生き方を考える，というテーマをもとに，課題設定を行う。未来を想像するために，現代社会の課題やこれからの変化を考える（図5-7）。

　副読本では，少子化に伴い，医師不足や製造業の労働不足が挙げられている。食料自給率は先進国最低レベルの39％（2013年現在）である。2025年には，5人に1人が75歳以上，3人に1人が65歳以上という超高齢化社会を迎えるといわれている。こうした課題の克服に向けた「未来をデザインする」ことが重要である。ここでいう「未来をデザインする」とは，現代社会が抱える上記のような問題（課題）を資料やデータから分析し，解決のための設計や計画を行い，それに基づいて具体的な表現物を作り上げて，問題（課題）を解決に導くことをいう。

　次に，様々な課題に具体的に取り組み，未来をデザインし，持続可能な社会に向けて取り組んだ全国各地の事例について学習する。副読本では，水車で電気を作り，地域を活性化させた岐阜県のNPO法人地域再生機構の事例や少子化を食い止め，「奇跡の村」と呼ばれた長野県下條村の事例が取り上げられて

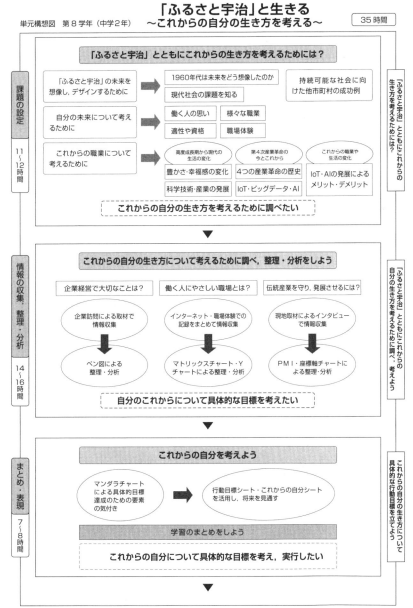

「ふるさと宇治」と生きる
～これからの自分の生き方を考える～

単元構想図　第8学年（中学2年）　　　　　　　　　　　　　35時間

「ふるさと宇治」とともにこれからの生き方を考えるためには？

課題の設定

11〜12時間

| 「ふるさと宇治」の未来を想像し，デザインするために | → | 1960年代は未来をどう想像したのか |
| | | 現代社会の課題を知る |

持続可能な社会に向けた他市町村の成功例

| 自分の未来について考えるために | → | 働く人の思い　様々な職業 |
| | | 適性や資格　職場体験 |

これからの職業について考えるために	→	高度成長期から現代の生活の変化　第4次産業革命の今とこれから　これからの職業や生活の変化
		豊かさ・幸福感の変化　4つの産業革命の歴史
		科学技術・産業の発展　IoT・ビッグデータ・AI

IoT・AIの発展によるメリット・デメリット

これからの自分の生き方を考えるために調べたい

▼

これからの自分の生き方について考えるために調べ，整理・分析をしよう

情報の収集，整理・分析

14〜16時間

企業経営で大切なことは？　　　働く人にやさしい職場とは？　　　伝統産業を守り，発展させるには？

企業訪問による取材で情報収集　　　インターネット・職場体験での記録をまとめて情報収集　　　現地取材によるインタビューで情報収集

▼　　　▼　　　▼

ベン図による整理・分析　　　マトリックスチャート・Yチャートによる整理・分析　　　PMI・座標軸チャートによる整理・分析

自分のこれからについて具体的な目標を考えたい

▼

これからの自分を考えよう

まとめ・表現

7〜8時間

マンダラチャートによる具体的目標達成のための要素の気付き　→　行動目標シート・これからの自分シートを活用し，将来を見通す

学習のまとめをしよう

これからの自分について具体的な目標を考え，実行したい

▼

（右側縦書き）
「ふるさと宇治」とともにこれからの生き方を考えるためには？

「ふるさと宇治」とともにこれからの自分の生き方を考えるために調べ，考えよう

これからの自分の生き方について具体的な行動目標を立てよう

図5-7　第8学年の単元構想図

いる。ここでのキーワードは，「持続可能な社会」(2)と SDGs(3)（持続可能な開発目標）である。

『中学校学習指導要領解説　総合的な学習の時間編』(2017)では，総合的な学習の探究課題の例示の一つとして，「職業や自己の将来に関する課題」が挙げられている。具体的な活動体験や調査活動，仲間との真剣な話合いを通して学び合う機会をもつことは，生徒が自己の生き方を具体的，現実的なものとして考えることにつながる。また，このことは，自己の将来を力強く着実に切り拓いていこうとする資質・能力の育成において，きわめて重要である。したがって，こうした課題を総合的な学習の時間の探究課題として取り上げ，具体的な学習活動としていくことには大きな意義がある。

副読本では，働く人の思いを知り，仕事の意味について考えるために，伝統産業と時代の最先端を行く産業を取り上げている。伝統と革新，継続と変化という多様な価値を考えさせるためである。

次に，様々な職業について幅広く調べ，そうした職業に就くためにはどのような資格が必要なのか，どのような進路があるのかを知ることで，今の自分にどのような可能性があるのかを考える。ここでは，思考ツールとして，ステップチャートやクラゲチャートを活用する。生徒は，将来の職業について考える以前に，どんな職業があるのかを知らないことが多い。まずはどのような職業や仕事があるのか，幅広く理解することが大切である。

このような職業や仕事についての理解を深めた上で，職場体験を行う。職場体験活動は，特別活動として実施する勤労生産・奉仕的行事として行うことも考えられるが，総合的な学習の時間に位置付けて実施する場合には，問題の解決や探究活動にふさわしい学習活動でなければならない。

職場体験の準備として，「職場体験準備シート」や「職場体験打ち合わせシート」を用意する。さらに，職場での「業務日誌」に該当する「振り返り日誌」を活用し，職場体験の経験を自己の成長につなげる工夫をする。

また，職業観をつけるために，これからの職業について考えさせる。「第4次産業革命」と呼ばれる現代社会は，AI をはじめとする技術の発達によって，

私たちの生活は大きく変化している。これからの生活の変化や，それに伴う仕事や職業の変化について考えることを通して，「未来をデザインする」ことができるようにする。AI は生活を便利なものにすると考えがちだが，危険性もある。思考ツールの PMI を活用して，利便性と危険性の両方を理解できるようにする。また，AI の発達によって，人間がする仕事が減ることも予想されることから，AI 時代において，どのような資質・能力が求められていくのかを考えることによって，自分の課題を明確にし，学ぶ意義や目的が持てるようにする。

　以上のような学習を振り返り，気付いたことや疑問に思ったことなどを話し合い，何について調べていくのか，課題を設定していく。

2）情報収集

　情報収集では，今まで学習したことや，職場体験を通して設定した課題の解決に向けて情報を収集する。課題の解決に向けては，自分で情報を集めることが欠かせない。自分で，何が解決に役立つかを見通し，足を運んだり，情報手段を意図的・計画的に用いたり，他者とのコミュニケーションを通したりして情報を集めることが重要である。調べていくなかで，探究している課題が，社会で解決が求められている切実な問題と重なり合っていることを知り，さらにそれに尽力している人と出会うことにより，問題意識はいっそう深まる。同一の学習対象でも，個別に追究する生徒の課題が多様であれば，互いの情報を結び合わせて，現実の問題の複雑さや総合性に気付くこともある。

　たとえば，「企業では，何を大切に経営されているのだろう」という課題を設定したとする。その場合，地域にある企業をいくつか訪問し，調査する。訪問時には，「企業訪問シート」を作成し，あらかじめ訪問先の事業内容を調べておく。また，職場体験を通して課題が設定される場合もある。たとえば，職場体験の経験から「働く人すべての人が能力を発揮し，仕事に取り組めるように，どのような工夫や努力が必要なのだろう」という課題を設定したとする。その場合，職場体験の事前の打ち合わせで大切にしていることを記録したシー

トを他の生徒から集め，まとめなおすことにより情報収集ができる。

　また，地域の特色から課題設定する場合もある。たとえば，伝統産業が強いという宇治で，「伝統産業を守り発展していくためには，どのようなことが必要だろうか」という課題を設定したとする。その場合，地域にある伝統産業の会社に行き，取材する。

3）整理・分析

　探究的な学習の過程においては，情報の収集に続く情報の整理も重視されるべきである。入手した情報の重要性や信頼性を吟味した上で，比較・分類したり，複数のものを関連付けたり組み合わせたりして，新しい情報を創り出すような「考えるための技法」を，実際に探究的な学習の過程を通して身に付けるようにすることが大切である。

　2つの企業を訪問し，聞き取りを終えていれば，それぞれの企業の状況について気が付いたキーワードを「付箋メモ」に書き出す。その後，2つの企業を比べて，「付箋メモ」を整理したうえで分析する。ここでは，思考ツールのベン図を使い，2つの企業の異なる点と共通する点を整理・分析する。また，収集した各企業の情報や職場体験での聞き取り内容の「記録シート」をもとに，各事業所が大切にしていることを，マトリックスチャートで整理する。さらに，マトリックスチャートに整理した「付箋」を，Yチャートを活用して3つの視点で整理する。また，インタビューした内容を，思考ツールのPMIを活用して整理・分析することも有効である。

4）まとめ・表現

　まとめ・表現では，暮らしや働き方などが日々変化する現代社会において，自分の目標を達成し，いきいきと生活するためには何が必要なのか，今まで学習したことや気付いたことから，自分のこれからについて考える。ここでは，マンダラチャートを活用して，目標を達成するために必要な要素を見出していく。「成し遂げたいこと」をこれまでの学びや気付きから，自分が設定した課

題を整理・分析したことをもとに記入する。内容は，近い目標でも将来の夢でも構わない。64の行動目標を「今から始める」「半年後」「1年後」「5年後」「10年後」などの時間軸に分けて，「行動目標シート」に書き込む。これは，キャリアプランニング能力を育成する上で重要である。

　学習の成果から達成感や自信をもち，自分のよさや可能性に気付き，自分の人生や将来，職業について考えていくことができるようにする。

　情報の発信に当たっては，発信した情報に対する返信や反応が得られるように工夫することが望ましい。同級生や地域の人々，他の学校の生徒たちから，自分の発信した情報に対する感想やアドバイスが返り，それを基にして改善したり発展させたりするサイクルをうまくつくることで，情報活用の実践力が育つと考えられる。またこのようなサイクルを進めることによって，目的に応じ，受け手の状況を踏まえた情報発信を行おうとする，情報発信者としての意識の高まりが期待できる。

― ●●コラム11●● ―

楽しくなければ仕事じゃない

山本昌作
（HILLTOP 株式会社代
表取締役副社長）

「楽しくなければ仕事じゃない」これが私の仕事への思いです。世の中には「儲かりそうか」だけで仕事を選んでいる経営者もたくさんいます。しかし，私の仕事の選び方は，「楽しそうだから」か「社員のスキルアップにつながるから」です。決して，「儲かりそうだから」では判断しません。私は，仕事の楽しさというのは，知的作業の中にあると考えています。少なくとも私は，朝から晩まで続く単純作業，いわゆるルーティン作業には楽しさを見出せません。私は，人というものは皆等しく，知的好奇心，探究心をもつ生き物だと思っています。無意識に，これをどう工夫したら楽になるのか，と考えてしまうものです。この気持ちを無理やり押し込むことは，人間の本質のまったく逆をいく考え方です。逆に，自分の興味のあるもの，好きなものに対しては，人はまさに時間を忘れて集中します。多少失敗しようとも，どんなに時間がかかろうとも，この知的好奇心，探究心に心奪われたならば，人は自らどんどん率先して行動していくのです。そんな彼らの目は，本当にきらきらと輝いています。そうなったら，自ずと人は成長していくのです。この好奇心と探究心こそが，人が自らやる気と成長を獲得できる，魔法の力であり，それは人間自らが持っている本質なのです。私達，経営者は，監視し，管理するのではなく，ただ社員一人ひとりが，心から没頭できるものを見つけ出せる環境を整えることだけを考えるべきです。

その根幹として，弊社は次の言葉を経営理念に掲げております。「理解と寛容を以て人を育てる」。相手を理解し，寛容な心で人を育てる。中学2年生なら理解できるのではないでしょうか。しかし，現実にこれを実践すると，とても難しい。むしろ，年を経て，経営者としてのキャリアを積んでいくに連れ，これを実践する難しさを身に沁みて感じるようになりました。私も，人を教える立場にありますし，弊社では，入社2年目の若手も指導する側として新人教育に参加しています。人を教えていると，「何でこんな簡単なことができないんや」「何でこんなことを失敗してしまうんや」とついイライラしてしまうことは，誰にでも経験があるでしょう。しかし，人は皆違う背景を持ち，得意とすることも，経験もそれぞれ違います。自分ができるから，相手もできるという考え方自体，横柄で，間違っているのです。弊社では，誰も失敗しても怒りません。チャレンジした結果の失敗なら，怒るよりも，次にどうすれば良いのかと共に考えます。この教育方針こそ，経営理念であり，社員全員が共有していま

す。また，先輩から後輩に受け継がれてきています。失敗を叱ってしまうと，人は皆失敗を恐れ，チャレンジすることをやめてしまいます。それは，社員の知的好奇心，探究心を妨げることになり，それこそが会社の損失なのです。

　私は，皆に常日頃から，どんどん失敗をしなさいと言っています。再製作の材料費がかさもうが，機械の故障で，修理代がかさもうが，挑戦する心を失うことに比べれば，それは些細なことなのです。経営者は率先して社員が失敗できる環境をつくってあげる必要があります。

　これからの未来は，ロボット，AI，コンピュータの著しい発達による，仕事の多様化，世界的な超高齢化社会への変革による人口構造の激変など，想像すらできない世界になるでしょう。逆に，これからの未来を生きる人々には，ワクワクドキドキできるチャンスが溢れているのです。人は，未知のもの，異質なものを恐れます。しかし人は，まだここにない未知のものでしか，ドキドキできません。未来に生きる皆が，ドキドキワクワクを求め，知的好奇心を満たすために，未知のものに活き活きと挑戦していく姿は，私が未来に求める人類の希望の姿です。

　私は，企業の意義とは，この企業理念をずっと社会に残していくことだと考えています。ここ，宇治から世界にこの「理解と寛容を以て人を育てる」という理念を社会に発信し，後世に残し続けることが，弊社の存在意義なのだと自負しております。

ふるさと宇治を担う人材を育てる

西本　浩
（宇治商工会議所事務局
次長）

　就職活動を意識するようになった学生が，就職を考えて
いる業界の企業で実際に働くことで，自身の就業意識を高
めていく目的の職業体験であるインターンシップ制度です
が，定期的な採用を行っていない宇治商工会議所にも，あ
りがたいことに2011年度以降，大学から毎年夏休みの期間
に約2週間のインターンシップをご依頼いただいておりま
す。

　宇治商工会議所では，「商工会議所の業務を覚えてもら
う」ことよりも，「商工会議所を通じて宇治市の産業・宇
治市の企業を知ってもらう」ことを念頭に置き，商工会議
所会員事業所への訪問同行や，商工会議所で行う諸会議へ
の出席，商店街で開催されるイベントへの参加など，宇治
市への興味がインターンシップ終了後さらに深まるよう事

業所代表者と接する様々な機会を提供しています。これは，個々の大学生の就職希望
先ラインアップに宇治市内事業所も加えてもらいたいとの期待からきているものです
が，市内事業所への就業意欲を醸成するためには，その前提として「宇治市のファ
ン」になってもらうことが重要で，この部分は一朝一夕ではなかなか難しいところで
す。

　このような状況下で，宇治市教育委員会と京都文教大学では，宇治市立小・中学校
で行われている総合学習を「宇治学」と称し，たとえば，小学3年生は宇治茶につい
て学び，小学6年生は宇治の歴史や文化について学ぶなど，小学3年生から中学3年
生までそれぞれの学年別にテーマを設け，ふるさと宇治に重点を置いた探究的な学び
を進めておられます。

　中学2年生での「宇治学」は，キャリア教育をテーマに“地域の産業”を学び，地
域事業所での“職場体験学習”が行われています。特に職場体験学習は，子どもたち
が実際に働くことを通して，学校では学べない仕事の厳しさや大変さを感じ取り，将
来の職業選択を考える上で，大いに勉強になるものと思われます。また「教育への参
画を通しての社会貢献」を自社メリットと考え，職場体験学習等にご協力いただいて
いる地域事業所の皆さまには，宇治商工会議所といたしましても感謝の言葉もござい
ません。

　宇治で育った若者が就職で市外に流出することを減少し，市内事業所への就業率を
上げるには，義務教育のときから子どもたちに地域の魅力を伝え続けていくことが大

中学校における職業別講座

事で，「宇治学」を学ぶことで，自らが考えたことや友達と話し合ったこと，いろいろな体験をしたことが「ふるさと宇治」に関心を寄せる発端となり，ふるさと宇治が好きだという気持ちが芽生え，その結果，将来的に地域で活躍する人材が育つと思われます。また，子どもたちが「宇治学」で学んだことを家庭で話すことで，「宇治学」を通じて家庭と地域がつながり，親子で「宇治市のファン」になってもらうことできると確信しております。

　宇治商工会議所では，「宇治学」に関連して，京都文教大学が「地域で地域の人材を育てる＝ともいき」をテーマに開催している "ともいきファスティバル" や，市内中学校で次年度の職場体験学習の意識付けとして行われている1年生を対象とした "職業別講座" に，地域で実際に活躍されている方々をご紹介するなどの仲介支援を行っており，今後も学校と地域の事業所を結ぶキャリア教育の橋渡し役として事業を進めてまいります。

　最後に，ここ数年，企業の人手不足感は一段と強まっており，有効求人倍率をみてもバブル経済期の水準を超えて，雇用情勢は「売り手市場」の様相を強めています。地域の事業所の方々には，「宇治学」を学習した子供たちが，20年先，30年先に自社事業の中核を担う人材に成長することを期待いただいて，今後も継続してキャリア教育へのご協力を願うとともに，各学校で実際に「宇治学」を教えていただく先生方には，ご負担も大きいでしょうが，将来の宇治市経済を担う人材育成の観点から，子どもたちの学習指導を進めていただきますよう是非ともよろしくお願いいたします。

7 「将来の宇治市への提言」をテーマに
――第9学年の事例――

（1）「将来の宇治市への提言」の教材化にあたり大切なこと

1）アクティブラーニングとしての PBL

　複雑でかつ変化の速い現代社会に対応しながら，課題を発見し，課題の解決に向けて，自ら主体的に行動できる人材の育成がますます重要になっている。そのような能力を育成する教育方法として，注目されているのがプロジェクト型学習（Project Based Learning：以下，PBL）である。

　PBL では，特定のテーマを設定し，それに向かってチームで取り組み，限られた時間のなかで一定の結果を生み出すことをめざす。その過程を通じて，課題発見力，情報収集力，思考力，コミュニケーション力，表現力などの「総合的な力（コンピテンシー）」を育成する。

　また，学習者関与型の「アクティブラーニング」と総称される能動的学習方法の多くが，PBL においては積極的に組み合わされて活用される。つまり，従来の知識吸収型（教育する側からみると知識伝授型）の静的学習方法からの転換を前提としているのが，PBL なのである。その意味では，探求型の学習との適合性がより高い手法であり，また同時に知識偏重でないメリットとして児童生徒自身の関心や興味に基づく個性や能力発揮の機会を多様に工夫することができる。このような特徴を上手く生かすことができれば，PBL は学習の動機付けにも大変有効であるといえる（森，2011）。

　また，単に外形的に参加型・関与型の学習を促すことだけがアクティブラーニングではなく，主体的に学ぶことで，より学習者の内的な活動につながる「深い学習，深い理解，深い関与」「ディープ・アクティブラーニング」（松下，2015）を促す仕掛けが重要であるとされる。小山（2016）は，ブライダルをテーマにした PBL における挙式プラン企画の学習による「ディープ・アクティブラーニング」の事例を論じている。提案や挙式開催という段階に至る前段階である，打ち合わせ，プランニング，自主学習という最初の3ステップを少な

くとも2回は繰り返し経験することで,「①打ち合わせを振り返る→②問題点や課題を発見する→③解決策を考える→④議論する→⑤自主的に学習する→⑥新たな知識を活用する」という学びの循環が生み出された。個人の認識や思考の深化と,集団で取り組む活動の特性を上手く組み合わせることによって,より深いアクティブラーニングを可能にするのがPBLの手法であり,宇治学9年生の学習は,基本的にこのようなPBLの枠組みを用いて構想されている。

　また,PBLにおける教師の役割は,「ティーチング」ではなく「コーチング」であるという指摘もなされている(トープ&セージ,2017)。学習の過程で,知識を教授するのではなく,問題をはらむ状況を提示し,メンターとして学習者に寄り添い,学習者の気付きにつながる適切な助言や評価を段階ごとに提供し,学習者の行動を促す役割を果たすことが期待されている。あくまでも「学習者中心主義」であり(美馬,2018,3頁),また時には,学習者にとってのモデルとなったり,共同に調査をしたりするが,情報を提供するのは教師ではなく,学習者が自ら情報を収集するのがPBLの特徴である。

2)地域と協働し,未来をデザインする

　PBLにおいては,学習コミュニティの形成が,学習者の成長にとって大変重要である。PBLを活用した宇治学の取組では,地域の多様な主体を巻き込んだ学習コミュニティの構築が重要となる。学校内の教師と児童生徒だけでなく,地域の保護者はもちろんのこと,行政,企業,各種団体,そして住民と協働し,テーマに応じた地域協働型学習コミュニティを構築し学習をすすめることが望ましい。

　またこのような学習コミュニティの構築は,地域側からみれば,学校を結節点として,地域の課題や問題に向き合い,情報共有し,協働してよりよい方向に向けて取り組んでいくことにつながっていくはずである。

　そしてその際重要になるのが,世界におけるSDGsの実現をめざす流れの中で,個別地域の独自の持続可能性の模索と,「フューチャー・デザイン」(西條,2015)という考え方である。フューチャーデザインは,現在から例えば30年後

の社会に生きる「仮想将来人」を設定し，その視点から現在を逆算的に思考することによって，現在の決断や選択，ひいては社会制度そのものに対して，未来を見据えた変革や方法の変更を促そうとする試みである。まだ始まったばかりの取組であるが，近視眼的／短期的利益の追求によって破綻しつつある地球全体，そして私たち自身が暮らす具体的な地域をよりよくしていきたいと強く志向するもので，全国各地に活動のネットワークが広がってきている。

（2）「『ふるさと宇治』の未来」の単元構想

　宇治学の最終学年にあたる9年生では，これまでの学年で設定されたテーマごとに学んできた地域課題についての理解をさらに深め，その過程で学習した情報収集や整理・分析の方法を総合的，横断的に活用して学習することになる。

　さらに「未来」に向けて，課題設定および「提言」するという目的を設定することで，新たな発想に基づいて未来を創造し，実社会の一員として地域社会に具体的に関与することのできる市民性を育む教育をめざすものである。

1）課題発見

　ここでは，「『ふるさと宇治』の未来──私たちができること」というテーマをもとに，課題設定を行う（図5-8）。『ふるさと宇治』の未来を創るのはあなたたちです。これからの生き方や，社会との関わりを考えられる1年にしましょう」という教師の呼びかけが冒頭のページに盛り込まれているように，児童生徒が，当事者として，ふるさとの担い手になること，また自分の生き方や社会との関わりを考えることを目指している。

　学年の最初には，これまでの学年での学習テーマが何であったかを確認すると共に，改めて，地域社会においてはそれらの個別テーマが相互に関係しているという俯瞰的視点を意識させる必要がある。なぜなら，課題設定をし，考察・企画・実践・検証という過程を経ていく段階で，自ら設定した課題をより実効性の高い提言や解決法に結びつけるためには，その課題の社会的文脈の理解と個別課題の文脈化が欠かせないからである。つまり，個別課題にのみ囚わ

「ふるさと宇治」の未来
～私たちができること～

単元構想図 第9学年（中学3年）

20時間

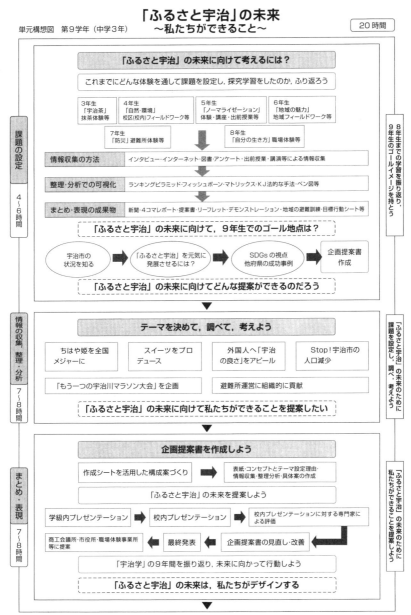

図5-8 第9学年の単元構想図

れることない俯瞰的な視点と横断的な思考が必要となる。

　また，学習方法についての振り返りを実施する際にも，それぞれの学習方法の特性を踏まえて，生徒自身が適切な学習方法を選択するための準備として振り返りとなるよう心がける。つまり，パソコンなどの機器を活用したインターネットによる情報収集，図書を活用した情報収集，インタビューやアンケートなどによる方法などの具体的な手順を中心に復習するのではなく，企画提案を考える際のどの段階でそれぞれの方法を活用すべきなのかという位置付けを示し，それぞれの方法によって得られる情報の大まかな特徴傾向とそれらの情報の活用適性を主体的に選択できるように促すことが重要である。

　このような情報収集方法の確認が適切に実施されると，例えば統計資料などのような量的な資料が必要な段階はどのような段階か，またそのような資料を集めるためにはどのような方法が適切か，あるいはフィールドワークやインタビューなどによる質的資料の収集がより適切なのかなどと，生徒自身が情報収集方法を自ら判断し選択することができるようになる。

　また課題発見の段階では，ゴールを設定することが大切になる。ただし，そのゴールには複数のレベルがあるだろう。まずは，PBL の取組として，一定期間の学習後の成果物のイメージや到達点を定めるという意味でのゴールである。もう一つのレベルは，その PBL 全体，言い換えれば 9 年生の学習自体が位置付けられている文脈に即したゴール，つまり「『ふるさと宇治』の未来に向けて私たちに何ができるのか」そして，そのことが未来の社会をどのように作り出すのかといういわば取組の社会的意義を意識した大きなゴールである。この具体的な PBL のゴールと，大きなゴールとの往還を常に意識しながら取り組むことが，宇治学 9 年生における地域協働型 PBL の意義を高めるために求められている。

　2)情報収集

　9 年生の学習段階における情報収集は，すでに学習した方法を活用することによって，高度な総合学習を実践できる可能性が高い。しかしそれと同時に，

いくつかの注意点があると考えられる。

　一つは，生徒間の能力レベルや学習特性の格差の存在である。これは他の教科学習でも同様に存在する問題でもあるが，グループ学習が前提の宇治学の学習においてはより顕著に表れることがある。また一方で，教科の学力以外の能力を生かせる機会も多数あるが，それを生かすにはグループ学習をチームの様子だけでなく個々人に注目して，教師が指導することが必要となる。

　二つ目は，日常的な生活習慣と学習活動の距離である。わざわざパソコンの前でインターネットにアクセスする時代から，掌中のスマートフォンに指先でタッチするだけで様々な検索作業が可能になった。情報発信にしても，面倒な編集作業をしなくとも，個人のアイデアや画像，写真が簡単に世界中にリアルタイムで発信できるようになった。そのため，アナログな情報に対しては接する前から面倒なものと退けてしまうかもしれない。また，PBLでの情報収集作業には，集めた情報の共有作業が同時発生する。情報をいかに蓄積し共有するかの技術的な工夫が求められる。

　インターネットの情報は，情報収集者の視点から連鎖的に情報を集められるが，周辺情報に関する視点は意外と閉じられてしまう。つまり情報と情報の関連付けや脈絡的位置付けについての視野が狭くなる危険性がある。それらの課題を克服するためには，ブレインストーミングを経たキーワード抽出やそれらを可視化するマインドマップやアイデアチャートの作成を通じた情報共有が重要になる。

　また，課題設定を通じて，個別テーマ（Problem）を発見し，それらの個別テーマに関する情報収集を進めていく。9年生の宇治学では，地域のイメージキャラクターの認知度向上といった広報活動，グローバル時代に即した観光・サービス，地域ブランド構築に資する商品開発，イベント企画など，様々な領域でのテーマ事例を挙げ，それらの個別の特性に応じたアプローチ方法を例示している。

3）整理・分析

　集めた情報を整理・分析し，企画提案書を作成する。逆説的な言い方をすれ
ば，企画提案書を作成しようとすることで，集めた情報が整理・分析されるよ
うに学習が促進される。

　企画提案書は，「なぜ」「どのように」「何を目的に」「どのような対象に対し
て」「具体的な方法や手順」「実現可能性」「予想される課題」などといった形
式を押さえていくことで思考の観点を提供するものとなる。また同時に，その
企画提案書を提示する相手先や他の代替案を検討することで，さらにその企画
自体を評価検証する契機とできるように学習過程が構成されている。

　またその際には，宇治における問題に関する情報を収集することはもちろん
前提となるが，他の地域における事例などについても情報収集し，比較する必
要もある。また比較作業を通じて，より広い文脈への位置付けができるように
なるはずである。

　さらに，チーム内で，よりよい成果に向けて，意見交換をし，改善を重ねて
いく過程で，コミュニケーションや討議の方法を学ぶことが可能になるように
考えられている。

4）まとめ

　9年生の学習におけるまとめ・表現の学習は，「企画提案書を作成する」こ
とにより，アイデアを根拠ある資料に基づき分析考察し，形にして言語化する
という流れで構成されている。

　しかし，ただ企画として整理して言語化するだけでなく，地域社会や実社会
との関係性のなかで，実践的に検証することを目指すのが，地域協働型 PBL
の特徴である。つまり，学習過程で具体的な人々との出会い，そこで得られる
サポートを生かし，また生じる課題などを乗り越えることで，より実感を伴う
社会的実効性の高いレベルでの学びが実現するのである。そしてその結果とし
て，市民として，自分自身が地域や社会の担い手となるための方法と自覚を獲
得することを目指す。

　具体的には，設定した課題，その課題の背景的データ，企画や提言のアイデアをストーリーとして論理的に組み立て，効果的に伝えるための方法を検討する。その際には，誰に，何のために伝えるのか，伝えた相手にどのような思考や行動を促したいのかを考慮して方法を選択させる。

　学習過程では，「伝える場」と「伝える相手」の設定が重要である。それぞれ「学級内」「校内」「専門家や地域関係者など地域住民を交えた校内」でのプレゼンテーションなどを通じて，より説得力のある提案内容や表現方法を工夫することを段階的に学習できることが望ましい。

　また，「伝える」ことが最終学習目標なのではなく，伝えることによって結果として生み出される行動やある種の社会的な創造や変革を目指す意義と楽しさを生徒たちに意識させなければならない。そのためには，いったん校内で実施した「学習成果」のプレゼンテーションを，より地域や社会に還元可能な企画や提言にするよう練り直しのプロセスが必要となる。よりよいプレゼンテーションをするには，何度か練習を重ね，話し方や身振りなどのよりよい表現の「スタイル」を工夫したり，発表のマナーなどを習得することも重要である。しかしそれ以上に本質的に重要なことは，内容を掘り下げるのに必要な思考的な練り直しのサイクルを生徒自ら回せるようになることであろう。

　その実現にむけては，いったん発表した提言や企画をそのままにせず，評価や助言を受ける機会を必ず設けることが必要である。その上でさらに情報収集をし，議論を重ね，考察や工夫を深め，改善を施すことで，いわゆる PDCAサイクルの思考法を身に付け，自らもスパイラルアップしていく経験が可能になる。

　また評価を受けることの意味を生徒に学ばせることも重要である。一般に評価を受けることは序列を付けられることであるという残念な思い込みから，評価を受けることそのものを恐れ，自分たちらしい主張やアイデアを表現することを躊躇する傾向がある。しかし地域や企業，行政など多様な視点を持った人々からも評価を受けることにより，評価は決して一面的かつ直線的なものではなく，むしろ様々な観点から多面的に行われることであることを実感でき，

企画や提言を多角的に捉え直す契機を得られるはずである。

　さらに，企画や提言をただ発表するだけでなく，実践し，ときには事業化し，場合によっては起業するという展開もあってもよいはずである。ここまでの展開になると，総合的な学習という学校教育における科目の枠組みを飛び出し，教師が指導できる範囲を超えていくかもしれない。しかしそれは決して「逸脱」などではなく，地域に広がる宇治学の展開として理想的な展開だと考えるべきである。その際には，教師は，児童生徒を真ん中に置いて，学校と地域や社会を接続するコーディネーターの役割を果たすようになるであろう。そして実は，そのようなコーディネーター的な視点があることで，新たな変化や地域や国家を超えた事象や情報についてもアンテナを伸ばして対応し，教師自身も学習者として，学び続けることができる。そのような姿勢があってこそ，いつの時代においても，その時代に即して未来を創る教育を児童生徒に提供し続けることができるのではないだろうか。

　そして最後に，総合的な学習「宇治学」の最高学年の学びとして，これまでのすべての学びを自己省察的に振り返り，次の学習やライフデザインのステップに接続させていくための「ふり返りシート」が大切な役割を果たす。単なる学習の振り返りではなく，人生の生き方を考える行動を促すための振り返りという位置付けが特徴的であり，義務教育を終える段階で必要になる作業であると考える。なぜならば，これらの振り返りの方法が身に付いてこそ，これから以降に出会う様々な困難や課題と探求的に向き合い，生涯にわたって学習していける基盤を築いた上で，未来に向けて歩んでいけると信じるからである。

注
(1) 内閣府「人間力」，経済産業省「社会人基礎力」，厚生労働省「就職基礎能力」などがある。
(2) 地球環境や自然環境が適切に保全され，将来の背買いが必要とするものを損なうことなく，現在の世代の要求を満たすような開発が行われている社会のことをいう。
(3) 2015年に国連で開かれたサミットの中で決められた2030年までに達成すべき17の国際社会共通の目標。

━●●コラム13●●━

人と人がつながって楽しく暮らせるまちづくり

　宇治のまちの魅力はなんですか？　ときかれて，あ
なたはどう答えますか。

日野真代
（特定非営利活動法人まちづ
くりねっと・うじ代表理事）

　私は，宇治のまちに住んでいる一人ひとりが宇治の
まちの魅力だと思っています。宇治のまちには，社会
や地域の課題に気づき，その課題を自分たちでなんと
かしたいと思って活動している人たちがたくさんおら
れます。そんな人たちとの出会いが私の宝物です。

　私が父親の介護で悩んでいた時，周りの人たちに助
けてもらいました。介護を経験したことで，人と人と
のつながりが大切なのだと気がつきました。住み慣れ
たまちで，誰もが自分らしく生きていくには，どうし
たらいいのだろうと考えるようになり，仲間たちと一
緒にNPO法人まちづくりねっと・うじを2008（平成
20）年4月4日に設立しました。

　NPO法人まちづくりねっと・うじは「人と人がつながって，楽しく暮らせるまち
づくり」をめざして様々な活動をしています。活動内容としては，宇治のまちで活動
している団体や人をつなげたいという想いから「つながろうフェスタ」を開催したり，
宇治川マラソンの動画撮影や宇治田楽まつりの様子など地域イベントの動画撮影を
したり，ドローンを使った動画によるプロモーション映像制作をしたり，スマホ・パソ
コンのなんでも相談をしたり，地域力を高めるための各種セミナーや講座の開催をし
たり，障がい者の人たちがつくられた製品の販売支援をしたり，宇治で開催される
様々なイベントに参加したりしています。

　あなたは，どんなときに幸せだなあと思いますか？

　大切な人が喜んでいる顔をみて，幸せだなあと感じた経験があると思います。誰か
のために，何かをするということは，自分自身の幸せにつながっているということを
「つながろうフェスタ」を開催して気づくことができました。そして，人と人とがつ
ながることで大きなパワーになるということを実感することができました。「つなが
ろうフェスタ」の開催にあたり，たくさんの人たちが応援したり，協力したりしてく
ださいました。そして，スタッフの一人ひとりが楽しみながら，それぞれの得意分野
を活かして主体的に行動してくれました。スタッフの人たちから学んだことは，誰か
を笑顔にしたいという気持ちから，アイデアがあふれてくるものだということです。
そんな仲間たちと一緒に楽しいことができることが幸せなことなのだと思いました。

10周年記念イベント「つながろうフェスタ」の様子

　人と人とがつながれば，宇治のまちがもっと元気になると思っています。なので，私は，人と人・人と情報・人と地域をつむぐコーディネーターになりたいと思っています。誰もが自分らしく輝いて，夢をもち，この宇治のまちに住んでよかったなあと思えるような，そんな笑顔のあふれるまちづくりをしていくためには，人と人とのつながりが大切なのだと思います。人との出会いを大切にして下さい。もしかしたら，あなたの将来の生き方のヒントになるかもしれません。そして，一日一日を大切に過ごして下さい。

　あなたの未来は，あなたの心の中にあります。

●●コラム14●●

宇治市のまちづくりと「宇治学」

　宇治市では，2010年度に，2021年度を目標年次とする第５次総合計画を策定し，基本構想において，「みどりゆたかな住みたい，住んでよかった都市」を目指す都市像，「お茶と歴史・文化の香るふるさと宇治」をまちづくりの目標として，長期的な展望に立ったまちづくりの方向性を定めています。

　また，少子高齢化の進展による人口減少をはじめとする，昨今の社会・経済情勢の急速な変遷に対応し，総合計画をより実現性の高いものとするため，2018年度から４年間を期間とする中期的な計画として「宇治市第５次総合計画第３期中期計画」を策定しました。

泥谷敬士郎
（宇治市政策経営部政策推
進課企画係）

　中期計画では，行政改革を進めながら，限られた経営資源を最大限活用して「選択と集中」を徹底することにより，いっそうの市民福祉の増進につながるよう，より計画的・効率的な行財政運営に努めると同時に，市民参画・協働を推進してさらに宇治市民の力を結集し，宇治のまちの輝かしい魅力を国内外へ積極的に発信することにより，「未来に夢と希望の持てる新しい宇治づくり」に努めていくこととしています。

　この計画に基づいたまちづくりにおいては，まちの将来を担うまちの宝である子ども達が，家庭や地域のなかで健やかに成長できるよう，「子ども・子育てファースト」の視点から，安心して出産・子育てのできる環境や学校教育環境のいっそうの充実に向けた，切れ目のない総合的な子育て支援を最重要課題のひとつに挙げています。

　とくに，学校教育の分野では，学力向上対策も重視しながら，あわせて，子どもがたくましく心豊かに，また地域社会の一員として創造性豊かで協調性のある人間として成長できるよう，多方面からの総合的な教育に取り組んでいくこととしています。

　そうしたなかで，「総合的な学習の時間」を活用して実施される「宇治学」は，2017年度から全国に先駆けて導入された副読本によってさらなる内容の充実が図られ，宇治のまちで育つ子ども達が，小学校３年生からの７年間という長期間にわたって体系的に「ふるさと宇治」について学習できる，画期的なプログラムと考えます。

　学年ごとに設定される単元では，子ども達が宇治のまちについて，お茶・歴史・文化・自然といった古来から伝わり育まれてきた魅力だけでなく，社会・仕事・災害といった現代のまちの様々な側面についても広く深く情報を吸収しながら，そこで得た知識をもとに，自らがまちのあり方や将来について考え，発信・提言していく教育内

容となっております。

　とりわけ最終学年では，『「ふるさと宇治の未来」〜私たちができること〜』の単元のもと，これまでの学年で学んだことを総括し，本市に対してまちづくりの提言を行っていただくこととなっておりますので，本市としましては，若者の目線からの貴重な政策アイディアが多数寄せられ，今後の市政に活かせることを期待しています。

　そして，「宇治学」全体につきましては，子ども達が小・中学生という多感な成長期に，多角的に宇治のまちについて学ぶことにより，それぞれの形でふるさと宇治への愛着と誇りを育み，生涯にわたって宇治に住みたい，住んでよかったと思ってもらえるようになることを願っています。

　さらに，子ども達が，進学・就職後も宇治に住み続けるなかで，まちの一員として宇治のまちをもっとよくしたいという意識を持ち続け，地域社会の維持と発展に主体的に関わってくれることにより，宇治市がさらに活力と賑わいにあふれたまちとなることが望まれます。

　また同時に，「宇治学」のカリキュラム自体が脚光を浴び，宇治のまちの輝かしい魅力の一つとして新たに加わることで，全国的にお茶や歴史文化によってすでに高い知名度を誇る宇治市のブランドイメージの，いっそうの向上に寄与することと考えます。

第6章
学校の独自色を生かす「宇治学」の実践事例

1　宇治市立三室戸小学校の実践
——参観日に振る舞うお点前が保護者に人気——

（1）小学校の概要

1）学区の特色

　宇治市立三室戸小学校は，四季折々の豊かな自然環境に恵まれている。三室戸とよばれる小高い丘（標高62.5m）の上にあり，北に西国十番札所「三室戸寺」，東に明星山，南に朝日山が連なり，西には宇治川や小倉の田園が見下ろせる。地域一帯は，風致地区，鳥獣保護区であり，緑と太陽に恵まれ，四季を通じて野鳥のさえずりがこだまするすばらしい環境のもとにある。近くには三室戸寺や源氏物語ミュージアムがあり，校区で発掘された古墳が敷地内に移築されている。

　この校区は，長い歴史をもつ莵道，志津川と新しい住宅地の南莵道，明星町の地域にまたがり，学校はそうした多様な地域の文化とスポーツの場として常時活用され，児童・住民・保護者の心のふるさととしてのコミュニティ・スクール的な役割を果たしてきている。また，伝統的に地域の人々の学校への積極的な参画が見られ，まさに「地域の学校」という意味合いが強い学校である。学校が隣接する老人ホーム「明星園」との交流を深めることで，福祉教育にも力を注いできた。

2）「宇治学」の研究協力校としての取組

　三室戸小学校は，宇治市内の小学校のなかでいち早く，2015年度に「宇治

学」の研究協力校となった。副読本を作成する際は，学校現場で活用すること
を想定して作成をするが，実践をしていないので，実際に教員が指導をする上
でどのような課題が生じるのか，子どもたちはどのような活動をし，どのよう
な反応をするのか，保護者や地域は「宇治学」の学習をどのように受け止める
のか，などはわからない。そこで，副読本の作成と並行して，研究協力校を設
定し，「宇治学」の実践を先行して行ってもらうことにした。そうすることに
より，学校の実践を通して，「宇治学」実践上の課題や成果を具体的に知るこ
とができる。

　三室戸小学校は，副読本の内容にこだわることなく，地域や子どもの実態を
踏まえ，学校のこれまでの取組などを生かした，三室戸小学校ならではの「宇
治学」を実践することとした。「宇治学」では，副読本は作るが，各学校の実
態に合わせた柔軟な学習活動を目指している。副読本ができる前の三室戸小学
校の地域や子どもの実態に応じた「宇治学」の実践は，「宇治学」の試験的な
導入に位置付けられる。

（2）小学校の「宇治学」実践

1）京都文教大学・三室戸小学校共同研究の取組（2015年度）

　三室戸小学校は，「宇治学」の研究協力校になるにあたり，京都文教大学の
研究グループ（研究代表：橋本祥夫）と共同研究を行った。共同研究のコンセプ
トは以下の通りである。

・　本校の宇治学部会が中心となり，全校体制で取り組む。

・　本校の宇治学の推進を目的に研修や指導計画のアドバイスや評価の見直
　し等を京都文教大学に依頼する。

・　保護者や地域，宇治市内の各小中学校に研究の成果を発信する。

① 　第3学年「宇治茶でチャ！チャ！──お茶について知ろう」

〈単元の構想〉

第3学年の宇治学では，「宇治茶に関わっておられる地域の方々の交流によ

り，宇治の特産物であるお茶に関する関心と知識を深める」を目標に，校区探検や公共施設の見学，宇治市のお店や工場について調べた。そのなかでも，宇治の特産物である「お茶」についての学習では，茶摘み体験や茶農家の人へインタビューをしながらお茶について興味を持ち，お手前や茶香服の体験をした。また，まとめ・表現では，宇治茶にまつわる劇を考えて発表したり，自分たちでお抹茶を点て，保護者に振る舞ったりする活動を通して，学びから得たお茶の良さを伝える活動ができた。

　また，お点前授業でつけたい力は，地域の伝統や文化などに興味を持ち大切にする力であり，自分の住む地域の特色を知り，宇治の特産品である宇治茶について興味をひろげるのが目的である。
　取組内容は，茶道を良く知る地域の方を講師を招き，茶道の作法や使用する道具について学習し，お抹茶をいただいた。また，児童同士で，お点前の練習を行い，友達にお抹茶を出す体験も行った。まとめでは，参観日にお抹茶を点てて，保護者にお抹茶を振舞った。次に休日参観日を活用し2回に分けて行った宇治学デーの取組を紹介する。

○第1回宇治学デー（2015年11月13日）
　茶香服体験では，講師の立会のもと，「花（玉露）・鳥（玉露）・風（煎茶）・月（煎茶）・客（玄米茶）」の5種類のお茶を当てるゲームを行った。児童は，事前に，茶香服の歴史や仕方について学習を行い，香りや色，味から，出されたお茶を一生懸命に観察する姿が見られた。楽しみながら，様々な種類のお茶の特徴について知り，学べる良い機会となった（図6-1）。
　お抹茶体験では，講師の先生に直接，茶道具や作法の説明を聞き，点てていただいたお抹茶を飲ませてもらった。茶器や茶筅などの茶道具を初めて見る児童が多く，お茶を点てることに興味・関心を持つことができた。また，茶道の作法として，お抹茶の飲み方や座り方，立ち方なども教えてもらった。お茶菓子もいただきながら，お抹茶の味にふれる貴重な体験ができた（図6-2）。

図6-1 茶香服体験の様子　　　　　　図6-2 お点前授業の様子①

○第2回宇治学デー（2016年1月16日）

　茶所劇の発表会では，お茶に関わる話を劇にして発表することを通して，お茶についての知識を広げ深めた。グループに分かれ，児童が案を出し合い，その内容を，地域にある劇団の協力のもと，台本にして練習を行った。稽古を重ね，当日は大勢の保護者の前で，堂々と劇を発表することができた。

　お点前授業では，児童が点てたお抹茶を保護者に振舞った。児童は，これまでのお抹茶体験を通して，おもてなしの心を学び，友達同士でお抹茶を点てて出す練習を行ってきた。当日は，そのまとめとして，お点前を披露した。児童が点てたお抹茶を飲んだ保護者からは，「子どもの点ててくれた抹茶は，とても美味しかったです」「一生懸命に抹茶を点てる姿に感激しました」などの感想をもらい，保護者にも，児童と一緒になってお抹茶について知ってもらえる良い機会となった（図6-3，6-4，6-5）。

　これまでの「まとめ・表現」は，宇治茶の作り方や種類，歴史など，学んだことを新聞づくりや発表会をして終わることが多かった。しかし，学習のまとめは，お点前授業をすることにした。それは，宇治茶の学習を知識・理解のみに留めるのではなく，実際にお茶を点ておもてなしをすることにより，実践的な学びとするためである。宇治茶の作り方や種類，歴史などを学んだからこそ，茶会に真剣に取り組むことができる。お点前を経験することにより，礼儀作法

図6-3　お点前授業の様子②

図6-4　お点前授業の様子③

図6-5　お点前授業の様子④

やマナーなどについても学ぶことができる。自分の子どもにお茶を点ててもらった保護者は，きちんと正座をし，正しい言葉遣いでおもてなしをする我が子を見て，子どもの成長を実感できたことだろう。こうした学習をすれば，学校で学んだお茶の出し方を家庭でも実践することができ，保護者の学校への理解も深まり，家庭と学校との連携がいっそう深まる。

　次に児童の感想を紹介する。

（お点前体験）

・初めて飲んだお抹茶は，少し苦かったけど美味しかったです。

・茶器や茶筅という道具を使ってお抹茶を作るのを見て，すごいと思いました。

・お抹茶の時に，お菓子を食べたり，飲んだりするマナーを知れて嬉しかったです。

・お点前をする時，なかなか泡が立たず，手首が疲れました。

・宇治市でしかできない勉強ができて良かったです。

・はじめはお抹茶を点てるのが難しかったけど，色々練習をして，お母さんに
　飲んでもらって「美味しい」と言ってもらえて，うれしかったです。

（茶香服体験）

・茶香服を初めて体験して，楽しかったです。お茶の種類を当てるのは難しか
　ったです。

・茶香服という授業で，お茶を飲んで当てる勉強をしました。私は「客」が一
　番好きでした。

・はじめは簡単そうに見えたけど，やってみると難しかったです。

・「花・鳥・風・月・客」とお茶の種類を言い換えているのはなぜか気になり
　ました。

・香りや味を覚えながら，どのお茶かを当てるのが難しかったです。

・家でもしてみたいです。これから家でも色々なお茶を飲んでみたいです。

② 第6学年「大好きなまち　三室戸」

〈単元の構想〉

　三室戸地域に残る課題を足がかりとし，三室戸地域と平等院周辺地域の違い
を比べ，課題解決に向けて自分たちには何ができるのか，また，三室戸地域を
平等院周辺地域に負けないよりよいまちにするためにはどうしたらよいのかを
考えることを目標にした。

　学習課題を設定させるための共通体験は，児童が自身で課題を設定できるよ
うに，児童を連れて宇治市の散策へ行った。その際，『源氏物語ミュージアム』
を見学させてもらい，社会科の学習内容を深めることができた。その後，平等
院周辺を散策し，自然の豊かさや観光客の数を目の当たりにすることで，自己
の追究したい課題について考える機会となった。

　学習課題の設定は，宇治市散策をもとに，自分たちが一番興味を持ったこと
を調べることにした。そして，課題が共通する児童同士で10人程度のグループ

図6-6　茶畑の見学

図6-7　思考ツールを使って整理・分析

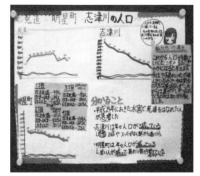

図6-8　表，グラフなどを活用して
まとめる

図6-9　思考ツールの活用

を作り，その中で，学習課題を設定した。ただし「三室戸のために自分達にできること」は全児童の共通課題とした。

　情報の収集は，課題設定後，宇治市の観光マップや情報収集先を示し，課題解決への見通しをもてるようにした。情報収集の計画を立てる際，宇治市探索の目的とはかけ離れた探索計画になっていくため，常に自分たちのグループの課題は何だったのかを確認するようにした。

　自然グループは，植物園の様子や市役所での取組，宇治川周辺のゴミの調査を行った。また，お茶のグループは，茶業組合の施設を見学し，茶の飲まれている量や，作り方，茶の歴史や種類など第3学年で学習した内容以上の情報を得ることができた（図6-6）。

　グループで集めた情報を共有し，思考ツールを使って，整理・分析を行った

図6-10　グループ発表

図6-11　参観者の感想

図6-12　町のPRポスター①

図6-13　町のPRポスター②

（図6-7）。その際，作成した資料を，発表時にも使うことを伝え，目的と内容に意識を持たせることを心がけた。

　整理・分析を行うなかで，児童同士でレイアウトや内容について良い点や改善点などを出し合い，何度も構想を練りながら作成した（図6-8，図6-9）。また，誰が何をきかれてもグループ内の資料については説明できるよう促した。

　まとめ・表現は，保護者だけでなく地域の人も来られることを考慮した発表内容になるよう，言葉や表現などに気をつけるようにした。劇での表現やパワーポイントを使っての表現など，グループによって表現方法が様々であり（図6-10），どのグループも見る人を意識した工夫が凝らされている発表であった。

　また，画用紙とポストイットを用意し，その場で保護者に感想を記入してもらい，発表の成果がすぐ見られるようにした（図6-11）。

186

　さらに発表後は，「宇治学」での学びをもとに，自分たちのまちの魅力を啓発するポスター作りに挑戦した（図6-12，図6-13）。どの児童も学習成果を表現した作品となった。

　このように，「宇治学」の学習は，学習のテーマとして社会科の学習と関連があり，調べたことを表やグラフでまとめることを通して算数科の学習にもなり，わかりやすく伝える工夫をすることが国語科の学習となり，自分たちのまちの魅力発信のポスターをつくることで図画工作科の学習にもなっている。各教科の学習の活用，実践の機会となり，各教科の学力を向上させることにもなる。「宇治学」を核として各教科，領域，学校行事などと関連させ，実施時期を対応させカリキュラム・マネジメントすることにより，時間の確保だけでなく，学習効果を上げることもできる。

　次に児童の感想を紹介する。

・私は宇治学の学習ができて良かったと思います。自分たちでテーマを決めて自分たちで歩いて観察し，仲間と新しい発見があったりすると，とてもうれしくなります。とてもいい経験ができたと思います。この地域に生まれることができてよかったと思えました。

・宇治は自分の地域なので，これからもずっと大切にしていきたいと思いました。宇治は良い街だなと思いました。

・三室戸と宇治を比べることで，私たちが住むまちの良さについてくわしく考えることができました。そして，5年生の時よりも，課題点の解決策を具体的に考え，地域の方へ広めていけて良かったです。1年間で宇治（三室戸）に対する気持ちが「大好きなまち」「大切なまち」という，より強い気持ちになりました。中学校でも地域に関わることを学んで，新しいことを知っていきたいです。

・6年生になって宇治市散策も行って三室戸も宇治も自然が豊かできれいな所が多くて，良いところばかりだと思っていたけど，以外と課題点があることがわかったし，気づけて良かったと思いました。例えば，大吉山だったら毎

宇治学の学習は，子どもたちの生きる力をつけるために効果的である

| 68 | 29 | | |

0　　　　20　　　　40　　　　60　　　　80　　　　100(%)

□ とても思う　▨ 思う　▨ 思わない　■ 全く思わない

図6-14　三室戸小学校の「宇治学」へのアンケート

年登っていてもゴミが落ちていることに気づけたし，宇治学をやって良かっ
たと思いました。また，三室戸の好きなところが増えたりして良かったと思
いました。

2)「宇治学」への保護者の感想
　「宇治学」についての保護者アンケートを（平成27年度）実施したところ，
97％の保護者が「宇治学」は子ども達の生きる力の育成に効果的であると回答
している（図6-14）。この結果より，今年度の宇治学に関する発信や取組がし
っかり伝わっており，理解を示してもらっていることがうかがえる。アンケー
トの多くは肯定的な意見であり，保護者の関心も非常に高いことがうかがえる。
校長室便りをはじめ，学校便りや学年便りで「宇治学」の啓発が効果的であっ
たことが理由の一つとして考えられる。しかし，他学年の取組まで伝わりきっ
ていないことも見受けられた。第3学年から第6学年まで系統立てて学習をし
ていることも伝えていきながら，保護者も一緒に「宇治学」を学ぶ機会を作っ
ていきたい。

（「宇治学」への保護者の感想）
・「宇治学」の取組は良いことだと思います。三室戸小の特色として大きくア
　ピールすべき。
・「宇治学」の学習で地域を愛する心がとても成長したと思います。これから
　も継続的な教育活動をお願いいたします。
・お点前の授業など，子ども達がこのようなすばらしい経験ができるのは地域

の方をはじめ，先生方の協力で成り立っていることにとても感謝いたします。ありがとうございます。

・「宇治学」については地域をよりよく知るための手立てとして立派な取組だと感謝しています。

・地域の方々と一緒に子ども達の成長を見守っていただき安心して毎日過ごせています。

・私は県外出身なので，「宇治学」の授業に深く感銘いたしました。とても良い取組だと思います。これからも娘に宇治について深く学習していってほしいです。

・自分が生まれ育った地域の学習，とても良いと思いました。ありがとうございます。

・先生，地域の方たくさんの愛情を頂き感謝いたします。安心して送り出せる環境が続きますようよろしくお願いします。

・「宇治学」のような地域の学習は，私自身子供の頃にした記憶がありません。宇治という歴史のあるまちにふれ，宇治を好きになる良い機会だと思いますのでこれからも続けてほしいです。

2　宇治市立菟道第二小学校の実践
――まちの魅力を思考ツールでまとめる――

(1)小学校の概要

　菟道第二小学校は，1953（昭和28）年に，菟道小学校から分離して開校した学校である。平等院や宇治上神社など歴史的遺産が集中する中心部まで徒歩25分ほどで到着できる立地にある。

　学区は全般的に，低層・高層を含む住宅地が多くを占めている。ただし，南北に長い学区のため，同じ住宅地であっても，その背景は多様である（図6-15）。

　学区の北部にはかつて，茶畑が広がり茶工場も多く存在していた。しかし1926（昭和2）年に日本レーヨン（現・ユニチカ）宇治工場が創業し，戦後の高

図6-15　菟道第二小学校の学区と周辺地図
（出所）　地理院地図より筆者作成。

度経済成長期には，その従業者も多く居住し，関連施設も多く存在した地域である。現在は工場の規模も縮小されたため，工場勤務の従業員は以前に比べて多くない。一方で，駅からの利便性が高いため，京阪神地区へ通勤する住民の住宅地となっている。また茶畑は，住宅地の隙間に，わずかに広がっている。

一方，学校周辺の琵琶台や南部の折居台は，1980年代以降に造成された地域である。閑静な住宅地が広がり，周辺には市役所を中心に，生涯学習センターや文化会館などの公共施設も多くある。

これらから考えられることは，新興住宅地を多く持ち，比較的若い世代が増えるなかで，以前から暮らす地域の人材を教育に活用することが有効であると思われる。

宇治市史には菟道第二小学校について，道徳教育が充実していたとの記載がある。その後，学校ぐるみ・町ぐるみの道徳教育へと，研究実践を推進していき，その伝統は現在の重点教育目標にも「児童の道徳的実践力の育成」として反映されている。また，地域ぐるみ・町ぐるみの活動として，ボランティア活動，清掃活動もさかんである。学区では，地域住民が小学生を育てる取組もさかんであるのが特徴である。その一つとして，「菟二学区の子どもを守る会」では，地元住民が親しみをもって称している菟二（とに）＝12という語呂合わせから，毎月12日を菟二の日に定めて，犯罪抑止力の向上のために，全員活動をしている。地域ぐるみで児童を育てる土壌があるといえよう。

（2）第6学年における「ふるさと宇治」の魅力大発信──地域・行政に発信しよう

1）活動目的と計画の特徴

本実践の目的は次の2点である。

① 自分たちの住む「ふるさと宇治」の魅力を調べ宇治独自の魅力を見つける。

② 情報を整理，分析し，地域住民，および行政機関に発信をする。

　計画にあたり，学年教員で考えていたこととして，①については学区の特徴を生かして「観光」をテーマに進めることにした（表6-1）。ただし，観光地として有名な宇治について情報量は多く，その魅力はおそらく調べ尽くされている。そのため，単にインターネットで調べて魅力を紹介して終わる活動ではなく，フィールドワークによる実体験（図6-16）を基に，イメージマップやKJ法的な手法などで，新たな魅力を発見することができないかと模索していた。主目的としていたのは②であり，児童が地域や行政の人と出会い，対話し，地域や行政（市商工観光課，市観光協会，鵜飼いの鵜匠，観光ボランティア，大学等）に向けて発信することを想定していた（図6-17）。

　目指す児童の姿は次の3点である。

① 人とつながることができる

② 状況により選択や応用ができる

③ 分かりやすく伝えることができる

2）活動内容

① ある児童のつぶやきから

　京都府における市町村別観光客数の推移（観光客の入込数：平成27年）では，第1位が京都市（5684万人，府全体の65％），第2位が宇治市（559万人，6％）となっている（表6-2）。副読本の手引きでも，宇治の魅力の1つとしてそのデータを紹介することを展開の事例として明記している。

　本実践の冒頭の授業で教員が児童たちに伝えたかったことは，京都市は国際観光都市であるから突出しているが，宇治市は府内で2位と健闘していること

表6-1　1学期の授業進行表

宇治観光リーフレット作り　（全11時間）

時　数	活動内容	備考（準備物など）
1	○宇治の観光　概要説明 ○宇治の自慢（歴史，観光，産業，特産物）を出し合い，言葉から連想してイメージを広げる。 ○副読本から宇治の良さを見つける	思考ツールの使用 ○広げる（ウェビングマップ，イメージマップ） ○分類する（KJ法的な手法）
2	○個々の興味・関心に応じてグループ決めを行う	リーフレット作りは国語の時間と並行して行う
3-4	○宇治の観光について予備知識を得る ＊訪れて調べたい施設を決める ＊リーフレットの構成を考えながら内容を絞る	思考ツールの使用 ○聞きたいことをランキングピラミッドでまとめる
5	○フィールドワーク事前活動 当日の見学についてルートを確認する	
6-9	○フィールドワーク当日（6月16日） 平等院見学　→　グループ別の活動 〈方面〉 施設（宇治上神社，源氏物語ミュージアム） 茶（通圓，伊藤久右衛門，上林記念館）等	観光ボランティアに平等院の案内を依頼する
10	○フィールドワーク　結果のまとめ ランキングから一番伝えたいことを整理する	国語と並行 （表紙は図画工作と並行）
11	○リーフレット発表会 それぞれのリーフレットのよい点を発表する	

図6-16　フィールドワークにおけるインタビューのようす（茶　通圓）

フィールドワークでのインタビューは，児童生徒の事前準備以上に，地域住民の協力が欠かせない。日頃から学校や教員が地域と連絡を密にして受け入れ体制の土壌をつくることが大事である。

図6-17　児童によるリーフレット作品の一例（宇治神社の紹介）

地図と表紙絵はリーフレットには必ず盛り込むことが条件として出され，すべてに掲載されている。割り箸アートによる地域描写は実際の図画工作での作品を縮小コピーして掲載された。

表6-2　2学期の授業進行表
京都と比べた宇治観光　（全17時間）

時　数	活動内容	備考（準備物など）
1	○京都市の観光　概要説明 ○京都の自慢（歴史，観光，産業，特産物）を出し合い，言葉から連想してイメージを広げる ○学習課題　パワーポイントによるプレゼン作り	思考ツールの使用 ○広げる（ウェビングマップ，イメージマップ） ○分類する（KJ法的な手法）
2	○個々の興味・関心に応じたグループ決め	プレゼン作りは国語の時間と並行して行う
3-4	○京都市の観光について予備知識を得る ＊訪れて調べたい施設を決める	思考ツールの使用 ○聞きたいことをランキングピラミッドでまとめる
5	○フィールドワーク事前活動 　当日の見学についてルートを確認する	
6-9	○フィールドワーク当日（10月13日） 〈方面〉 　二条城，金閣寺，銀閣寺，龍安寺，南禅寺のうち 　2〜3ヶ所（グループ活動）	秋の校外学習（郷土の歴史・文化の学習）に合わせ実施
10	○フィールドワーク　結果のまとめ 　宇治との相違点，京都と比較した宇治の課題や良さを見つける	国語と並行 整理・分類はランキングを使う
11	○パワーポイントによる発表会（11月16日）	

と，その宇治市も観光客が年々少なくなっている事実であった。しかしある児童が，「第2位では悔しい，宇治が1位になるにはどうしたらよいか」と反応した。大人なら京都市が1位は当然ということがわかるが，児童ならではのデータに対する発想に教員が興味をもち，全体計画が「宇治を知り発信する→京都と比較する→宇治の魅力を発信する」という流れになった。

　1学期の活動はリーフレット作りであったが，地域の魅力を発信するために行われている観光教育では，定番の学習である。リーフレットの制作に当たっては，次の点を工夫して作成が行われた。

・　他の教科と連携をしたこと（国語科：パンフレット作り，社会科：地図による表現，図画工作科：割り箸で描く絵）

・　インターネットや本で調べたこと以外にフィールドワークに出かけた際

図6-18 金閣寺でのインタビュー調査
（2017年10月撮影）

図6-19 宇治の観光動向調査報告会での
市商工観光課長から講評
商工観光課からの依頼を受けて京都市内で
のインタビューでは，児童たちが実体験を
持って宇治の観光について考える機会とな
った。

のインタビュー結果を盛り込んだこと

・　感想や自分の考え（その訪問地の魅力）を掲載したこと

フィールドワークは全員が平等院内を見学し，その後，児童の興味・関心に
よって編成されたグループで，施設や店舗などを訪れた。全員が平等院を訪れ
たのは市教委の方針で，宇治市内の児童は必ず1度は平等院に訪れその魅力に
ふれる機会をもつためである。平等院に初めて訪れた児童も予想どおり多かっ
た。

グループ別の行動では，ボランティアガイドの手を離れ，児童たちだけで行
動した。商店街などのさまざまな店舗や施設が，児童の学びと深く関わりを持
ち，授業が展開された。学校が積極的に行政や観光関連施設，さらに地域住民
等と協働して進めることは，フィールドワーク成功の鍵を握るといえる。

② 児童も教員も驚いた調査結果

従来の地域学習は，「地域を調べ発表する」（1学期の活動）だけで終わって
しまうことが多い。しかし本実践は，その後の追究を徹底し，学習課題も自然
に発生するもので必然性があるのが特徴である。

2学期は，市の商工観光課と連動して，京都市内への校外学習（歴史探訪：

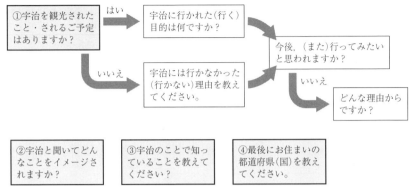

図6-20　京都市への校外学習時に実施した観光動向調査の質問項目（2017年10月）

日帰り）時に観光動向調査を行った（図6-18，図6-19，図6-20）。市で実施している質問項目に加え，児童の自由な発想で調査し，データを整理・分析する課題が出された。

　調査では総勢511名の観光客に質問を行った。児童の中には通訳ガイドを通して外国人観光客にもインタビューするなど，意欲が非常に高かった。

表6-3　インタビュー結果から明らかになった宇治に訪れない理由

理　　　由	人　数
宇治をよく知らない	77
時間がないから	60
移動が不便だから	23
観光の目的に合わない	21
興味のある施設がない	12
京都から行きにくい	7
その他	11

　調査結果のうち，興味深いものを2つ挙げる（表6-3）。まず「宇治未訪問の理由」について，「宇治をよく知らない」が1位になったことが児童たちは驚いたようであった。これは最初の学習で，副読本にも記載のとおりユネスコの世界文化遺産が2つもあり有名であるという固定概念を崩す結果であり，児童たちにはどのように魅力を発信するかに関心が向かった。もう一つは，「宇治のイメージについて知っていること」の質問で，世界文化遺産である「宇治上神社」を答えた人が1人もいなかったことである。確かに宇治上神社は，世界文化遺産登録が比較的新しい時代であり美しい庭園や壮大な建造物がなく話題性の少ない神社ではあるが，この結果には集計した教員でさえも意外性に驚

表6-4　3学期の授業進行表
地域・行政の人たちに発信する宇治の魅力　（全9時間）

時　数	活動内容	備考（準備物など）
1	○観光協会専務理事からの宇治の観光の課題に関する話 ○「宇治の魅力発信」学習課題の設定	思考ツールの使用 ○広げる（ウェビングマップ，イメージマップ） ○分類する（KJ法的な手法）
2-3	○個々の興味・関心に応じたグループ決めとフィールドワークの行き先決め	テーマ例 ＊新しい観光ルート開発 ＊子ども向け観光マップ作成 ＊外国人対応の実際　　等
4-5	○宇治フィールドワーク　インタビューなどによる調査	
6-7	○フィールドワークまとめ 　体育館でのブース発表準備	○見て，聞いて，味わえる発信をめざす
8-9	○宇治活性化計画発表会 　体育館でブースをつくり学年で発表	○地域の関係者に声かけして保護者以外も広く招待

図6-21　宇治のフィールドワーク
再度フィールドに足を運び、宇治の魅力を再確認した。

図6-22　宇治活性化計画発表会
各ブースでの発表に加え、宇治茶のサービスも行われた。

くこととなった。

③　再びフィールドワークへ

　3学期はいよいよ宇治の魅力を発信することとなる（表6-4）。2学期の調査結果から，意外と世の中に知られていない宇治の魅力について，自分たちなりの発信をすることが課題であった。興味のあるテーマをグループで設定し，

現地へ出かけて調べ，インタビューによって実証するものである（図6-21）。ただし，児童たちの中には実現困難なテーマを設定するグループもあったため，テーマ設定については，学年教員によるきめ細かい助言や指導もあった。

　児童たちは，1学期に比べて非常に主体的に動き，インタビューも積極的に行っていた。学校へ戻る集合時刻に戻らないグループがあり，それを待つ時間も惜しんで集合場所を通る観光客に時間ぎりぎりまでインタビューするなど，3度目のフィールドワークは児童たちの成長が見られた。

　発表準備では，提案書を作成するグループもあればグラフやパワーポイントなどICTを駆使する児童もいた。時期的に風邪が流行していたが，発熱した児童が授業に出て準備をしたいと嘆願したり，休んだ児童へ寸劇用の台本を届けるといった児童のようすから，非常に興味深い学びが展開されたことがうかがえる。

　発表会では保護者だけでなく民生委員や行政の関係者，マスコミ，観光教育関係者など，多方面からの来訪客があり，児童たちの達成感や自己肯定感も高まったものと思われる（図6-22）。

（3）考察と今後の課題

　本実践では，ボランティアガイドを活用したフィールドワークだけでなく，宇治市観光協会や宇治市商工観光課の方などをゲストスピーカーに招き，宇治観光の現状に関する事前講義などを積極的に行っている点が注目すべき点である。観光に関する教育は，小中学校では学習指導要領にない内容なので，教員による事前調査に負担がかかり，他教科との連携が取りにくいものである。

　また，フィールドワークに3回出られた環境は，本実践が成果を上げる1つのポイントとなった。第6学年は総合的な学習の時間以外にも，児童会などの組織や様々な行事で中心を担う立場にあり，スケジュールが大変忙しい。また，宇治の中心部までのアクセスが良いとはいえ時間を要するものである。さらに，現場に出るには相応の煩雑な手続きや事前準備，安全管理などの手間が生じる。本実践で，フィールドワークが充実したのも，担任団教諭の若さや行動力によ

るものが多いと思われる。なかでも渉外に尽力した学年主任と，それに対する校長・教頭のバックアップ体制の存在は非常に大きい。地域などの学校外部との折衝に労を惜しまない姿こそ，児童たちの現場実践力を高める総合的な学習につながるものと思われる。

　なお，課題として，副読本の活用について最後に述べたい。本実践の中で，副読本や指導の手引きが十分に活用されたページは，思考ツールに関する内容であった。一方で，他のページについてはそれほど活用できなかったとのことである。特に，観光地に近い菟道第二小学校であっても，宇治の地域の魅力を紹介するページについては眺める程度で，主な内容は，写真やグラフなどパワーポイントを使って教員が説明したとのことであった。また，教諭たちの意見としては，同じ宇治市内でも，それぞれの学校の実情に合った副読本ができるのが望ましいのではないかという意見もあった。副読本の果たす役割については，今後の検証を積み重ねる必要があると思われる。

3　宇治市立槇島中学校の実践
──過去の水害を学び避難訓練に生かす──

（1）槇島中学校の概要

　かつての宇治川は，平等院のある宇治橋から西へ流れ，巨椋池に注ぐ流路であった。「槇島」という地名は，宇治川が巨椋池に注ぐ地にあった島であったことを象徴している。1594年，豊臣秀吉が伏見城に水運を導くため，太閤堤を設けて宇治川は改修され，川の流路は大きく変化している。また，巨椋池は1933（昭和8）年から約10年の歳月を経て干拓された。その歴史からもわかるように，川の流路と遊水池であった槇島中学校の学区は地形的に低湿地であり（図6-23），過去に頻繁に水害の被害に見舞われた地域である。1953（昭和28）年9月の水害時には，1か月にわたって排水が完了せず市民生活に影響が出た。天ヶ瀬ダムはその水害がきっかけとなり建設されたことは地元民には有名な話である。

　図6-24の航空写真でわかるとおり，この地はかつて，水田の広がる低湿地

図6-23　明治45年と現在の地形図の比較と槙島中学校の所在地
（出所）　時系列地形図閲覧サイト「今昔マップ on the web」（(C)谷謙二）により作成。

図6-24
1945〜50年代の航空写真

図6-25
現在の航空写真
（出所）　地理院地図より筆者作成。

であった。槇島中学校の創立は1982（昭和57）年と，比較的新しくできた学校である。隣接する京都市向島地区にニュータウンが建設され，近鉄向島駅が1979年に開業したことを契機に，この地域一帯の住宅地化が進んだ（図6-25）。そのため，古くからこの地で暮らす住民は旧太閤堤の堤防集落に居住し，地域住民の多くは，農地からベッドタウンとなった場所に入居した世帯である。地形的に水害に見舞われてもおかしくない地域であるが，かつての水害を経験した世帯が非常に少ないため，防災意識はそれほど高くないと考えられ，地域防災の課題になっているといえよう。

（2）第7学年における防災学習——避難所体験学習を中心に

ここでは槇島中学校で2017・18年に実施された防災教育のうち，第7学年（中学1年）全員が参加した避難所体験学習のプログラムを紹介する（表6-5）。

避難所体験は，東京で取組が多く行われている。これは，東日本大震災時に都心へ通勤するビジネスパーソンの多くが帰宅困難者となった一方で，学校が児童生徒を自宅に戻したため，余震の続くなか，一晩子どもだけで自宅で過ごさせたことの反省から行われていることが多い。しかし，京都府では前例がなく，実施に当たっては手探りの状況であった。

1)学習の目的

① 災害時や避難所の中で中学生として何ができるのかを深く考え，実践する力を育む。

② 私たちの住む宇治市や，日本各地で起こりうる自然災害についてよく知り，命を守るために必要な教育を身につける。

③ 自助，共助，公助の視点を持ち，避難所体験を通して，防災・減災に対する意識を高める。

④ 命の尊さを学び，命を大切にする態度を養う。

⑤ 災害時に必要な備えに対する知識や，応急処置など災害時の対処法を身につける。

表6-5　避難所体験学習　当日のスケジュール

時　程	活　動
当日午前	通常授業
13：00	自宅へ下校
17：30	再登校（避難者として体育館へ集合）
17：40	避難所体験学習プログラム （1）避難所開設の実技・体験 （2）MUG（持ち出し袋運用ゲーム） （3）負傷者の手当，移動方法などの実技・体験 （4）非常食体験 （5）図上避難所運営の実技・体験 （6）避難所のパーティション作りの実技・体験
22：30	就寝（避難所での就寝体験）男子：体育館，女子：校舎4F
6：00	起床
6：30	片付け，パーティション撤去，解散

2）内　容

①　避難所開設の実技・体験

開講式後，最初に行われたのが避難所開設作業である。体育館内はブルーシートを床に固定し，通路を確保するために養生テープで区画をつくるなどをし，ゴミスペースも確保された。また体育館のステージは緊急物資の置き場と設定し，水などの必要物資やパーティションなどが置かれた。

さらにグラウンドでは，車や自転車が駐車するスペースを白線で区画し（図6-26），緊急車両が体育館につけられるように導線となる通路も確保した。

避難所運営についてはよく図上で訓練が行われるが，実際に区画をつくるとイメージよりも狭いスペースであることに気付き問題意識が芽生えることが多い。体育館は体育の時間や部活で確保することが難しいが，このような機会は是非確保したいものである。

②　MUG（持ち出し袋運用ゲーム）

このゲームは，市危機管理室職員が講師となって行われた。自宅から持参した物をグループで1つにまとめ，必要な物が入っているかをチェックし，その有無によってポイントを減点していくゲームがMUGである（図6-27）。当日

図6-26 グランドに駐車区画を引く生徒
（出所）　筆者撮影（2017年9月）。

図6-27 MUG で持ち出し品の確認
（出所）　筆者撮影（2017年9月）。

の昼下校の直前，グループに課題として，避難に必要な物を話し合い再登校時に家から持参することを指示している。これは災害が迫った状況をつくるための仕掛けである。

　例えば非常食など生き延びる上で重要なものや，情報を得るためのラジオなどの備品といったものが入っているグループを挙手させる。ポイントが入ったグループからはその時々に歓声が上がるなど，中学1年生なりの盛り上がりが見られた。反対に，必需品が持参していない場合，大きく減点されるなど，ゲームには工夫がみられる。説明では，避難所には全員分の非常物資がある訳ではないことも強調され，生徒には非常時の意識が高まったと思われる。

　③　負傷者の手当，移動方法などの実技・体験

　応急手当や負傷者を移動する方法については，宇治市消防本部が講師となって行われた（図6-28）。ケガをした人を運ぶ際に，体が自分よりも重い人をどのように運ぶか，あるいは背負うときに少しでも負担のかからない背負い方などについて，生徒代表が実技をするなかで試行錯誤しながらよりよい方法に導いていくのが印象的であった。

　また，必要な医療器具等がない状況で，日用品等を代用する方法として，レジ袋を切り開き首からかけて三角巾代わりにしたり，食料用ラップを止血するための包帯代わりにしたり，毛布の両端を巻いて担架にするなどの方法が紹介された。

図6-28 消防本部からの説明を聞く生徒
(出所) 筆者撮影（2018年9月）。

図6-29 グループでHUGに取り組む生
徒とサポートの京都文教大学生
(出所) 筆者撮影（2018年9月）。

新聞・ラップ・ビニール袋は災害時の「三種の神器」とされ，様々な活用が
期待できるが，この体験からアイディアが出て，さらに深く追究できるのでは
ないかと思われる。

④ 避難食体験

災害時は火が使えず水も不十分であり，食に対する関心は高い。このような
避難所宿泊体験では，炊き出しの体験を楽しくやるケースが多いが，本実践で
は，学校のすぐそばにある山崎製パン宇治工場の協力を得て実施している。こ
れは地域の企業との協働という点で，非常に特徴的である。

体験では，グランドに到着したトラックから体育館のステージまで，リレー
でパンを運ぶ体験をした。その後，山崎製パン工場長からのお話をうかがった。

中央防災会議が策定する防災基本計画では，企業の防災促進が求められてお
り，企業は災害時に果たす役割として，「安全確保（二次災害の防止）」「市民生
活安定のための事業の継続」とともに「地域貢献・地域との共生」をすること
が明記されている。地域住民は災害時に物資の提供を期待しているが，阪神・
淡路大震災や東日本大震災等，最近は記録的短時間大雪で，被災地に菓子パン
を提供したことはよく知られている。山崎製パンの場合，物流を他社に委託せ

ず，生産拠点から自家用トラックによる自社物流網により，大手スーパーやコンビニなどに納品していることが災害時の強みであるとされている。そのような話を聴いた後，生徒たちは大事にパンを食していた。

⑤　図上避難所運営の実技・体験

避難所には次々と避難者が訪れるが，区画されて限られた部屋にどのように振り分けていくかを考えるゲームがHUG（避難所運営ゲーム）である。

このゲームは静岡県危機管理部が開発したもので，避難所の運営をする立場を担った際，初期に殺到する人々や出来事への対応を考えるものである。避難者の年齢や性別，国籍や様々な事情を抱える人に対応しなくてはならない。災害時要援護者への配慮についても考えを深める，さらに正解が１つとはいえない課題を話し合って解決することができる点で，優れたシミュレーションゲームといえる。

2017年の実践では，中１では読解も含めやや難しいという反省があったため，2018年では，急遽，京都文教大学の学生がサポートに入った（図6-29）。中高教職課程の学生であったため，防災の専門知識はなかったが，大学生との連携も可能なプログラムであった。

⑥　避難所のパーティション作りの実技・体験

避難所用ではプライバシーの確保が問題になるが，簡易間仕切りを組み立て３人１組で寝ることも体験した。避難所体験であり当然よく寝られなかったが，その理由は，「１人あたりのスペースが狭かった」「体育館の床にヨガマットを敷いても堅くて痛かった」「ジャージを丸めて枕にしたが頭が痛かった」「９月だったが少し寒くて体温調整が難しかった。人によって体感温度の個人差があるので非常時には調整が難しいと感じた」など，様々であった。

（3）成果と課題

本実践後の生徒たちは，体験後に持ち出し袋を用意したり災害時の家族の集合場所を決めたりと，体験が次の行動に結びつくこととなった。また，堅い床の体育館で実際に寝泊まりすることで，ニュースで映し出される災害時の避難

所生活を他人事として捉えない気持ちも芽生えたものと思われる。さらに，宿泊の前後で行政や企業，地域の方が講師になるなど，寝泊まりだけに終わらせず地域との結びつきを意識する取組も含まれていた。

　実際に自宅崩壊や浸水などで居住困難者が続出する大規模災害時には，体育館には収まりきれない人が集まり，親戚宅への避難や車中泊などを余儀なくされることも多い。「体育館で寝泊まりすることがない」という発想ではなく，体育館に寝泊まりした体験からわかること，行動すべきことをさらに追究する学習へと続くことが期待できる。

　中央防災会議・防災対策実行会議では，西日本豪雨を踏まえた水害・土砂災害からの避難のあり方に関する報告書の中で，地域防災のあり方について大きな転換を示した。報告書では，「これまでの行政主導の取組を改善することにより防災対策を強化するという方向性を根本的に見直し，住民が自らの命は自らが守る意識を持って自らの判断で避難行動をとり，行政はそれを全力で支援するという，住民主体の取組強化による防災意識の高い社会の構築に向けて」対策を行うとした。

　学校における防災教育も，実体の伴わない避難訓練で終わらせず，さらに地域住民と協働して地域の実態にあわせた内容を考えていく必要がある。槇島中学校における避難所体験では，プログラムの企画にあたり，保護者からの反対はなく，むしろ前向きな支援も多かったと聞く。避難所体験当日は，行政，企業の他，民生・児童委員や地元防災会など50名を超える地域住民が生徒たちの行動やプログラムの進行を見守った。まさに地域との協働による開かれた教育の実践例といえよう。

●コラム15●

宇治学が教えてくれたこと

飯田隆志
（宇治市立菟道第二小学校
教諭）

「子どもたちが宇治学を学ぶことで，宇治の誇りを見つけるとともに，直面する課題にも向き合い，いくつになっても，いつもどこかで宇治を想って生きていくようになってほしい」そんな理想が私にはあります。そう思うようになったのは，宇治学を実践してからです。

私は2017（平成29）年度当時，新たに作られた小学校6年生用の宇治学の副読本を手に，菟道第二小学校6年生の宇治学では，「本当に見る，聞く，学ぶ」ことを目指そうと決めました。これは，今までも宇治学で実践されており，珍しいことでも新しいことでもありません。それでもこれを大事にするのは理由がありました。

昨今，情報は簡単に手に入ります。何か調べたければインターネットはたしかに便利です。しかし，それでは，結果だけを手に入れ，自分は「学んだ」と勘違いするのではないだろうか思います。だからこそ，今回の宇治学では，「本当に」を大切に，実際に見聞きして情報を集め，分析することによる「気づき」と「課題の解決」から，子どもたちの学びと変容に期待しました。しかし，これはなかなか労力を要しました。本当に見聞きするなら教室にいてもパソコンを開いてもいけません。家から外に出るのは簡単ですが，学校から外に出るのは，まず安全でかつ費用は少なく，さらに活動時間を多く確保して成果を出すことが必要であり，念入りな準備が大切です。

また，外に出て何（誰）と出会うかもその後の学習を大きく左右します。それを仕組むのが教師の仕事です。何度依頼文を書き，電話をして，足を運んだかわかりません。幸い，人から人へ輪が広がり，多くの方々が趣旨に理解を示してくださいました。宇治市役所，宇治市観光協会，観光ボランティア協会，地域の商店街の方々の協力をいただきました。宇治市からは「観光動向調査」の依頼をいただき，子どもたちは自ら電車，バスを乗り継ぎ，京都市で外国人含め，のべ約600人に聞き取り型の調査を行いました。これが記入型のアンケートでは苦労はないですが，それでは学びという点で意味がありません。観光協会からは，宇治市が直面する現実の課題や取組を教えていただきました。そして，ボランティアガイドの方には子どもたちの調査や分析を実際のガイドに役立てたいと言っていただきました。

学んだことが宇治の観光に役立ったのかはわかりません。しかし，子どもたちは外国人へのインタビューも果敢に挑戦するなど，苦労して情報を集めました。後で，学

体育館を使い地域の方を招いた学習成果発表会
（2018年2月撮影）

校で英語を教えてほしかったと，子どもから苦情が出るほどでした。その情報には大変な価値があります。集めた情報は分析すると課題が見えてきました。宇治の活性化という課題解決に向けて一人ひとりが案を出して考え，実際に地域に発信しました。その間，どれだけの試行錯誤と判断，実践，見直しを繰り返してきたことかと思います。これらの実践から，子どもたちはやれば「できる」「なにかが変わる」と感じたはずです。

　私自身，宇治学を実践する前は，冒頭に挙げた理想など，このように語るとは思っていませんでした。しかし，今は宇治学によって生かされている部分も大きいと感じています――，とはおおげさかもしれません。ただ，教師として，何をどう学ばせるのか，根幹の部分に気付かせてもらえたことに感謝しつつ，次は何を学ばせようかと悩む日々を送りたいと考えています。

　宇治学の難しさは「答えがないこと」です。普段，私たちは学習指導要領に基づき，各学年の各教科の目標に向かって指導をしていきます。総合的な学習の時間（宇治学）にも学習指導要領に目標は示されていますが，学校によって内容は大きく変わります。課題設定，追究，解決，次の課題発見という探究的なプロセスを協働的に実践すれば，何をテーマにしてもよいのです。それは，実は面白さといえます。幸い宇治市には，各学年に「副読本」があり，9年間で何を学んでいくべきかが示されています。「やればできるんだ」という感覚を身に付ければ，子どもは自ずと課題を見つけ，解決のために考え実践していくはずです。

●●●コラム16●●●

避難所体験を中心とした防災学習

関　和也
（宇治市立槇島中学校教
諭）

「再来年，宇治学の副読本が導入される。来年の１年
生はその内容を先取りして，宇治学（総合的な学習の時
間）で防災に取り組む」と，管理職から聞かされ，学校
をあげて防災学習に取り組むことになりました。突然の
話に驚きましたが，宇治学の副読本の本格導入を前に，
新しい学びを創り出そうと，手探りの状態で計画をはじ
め，教職員聞で何度も議論を重ねてきました。

「防災学習をする」とだけ聞いていたのですが，私た
ちは防災学習に関するしっかりとした知識を持っておら
ず，まずはそれぞれの教員が様々な手段で情報を集めて，
学習を通して生徒たちが何を学ぶのかということを考え
ました。その結果，「災害時に中学生でも出来ることは
何か？」ということを出発点にして，防災に関わるあらゆることを生徒が考えたり，
体験したりすることを考えました。その中心的な活動として，避難所体験学習に取り
組むことにしました。ただ，その段階では避難所という言葉やイメージは何となくわ
かっていたものの，自分自身も体験したことがなく，知識もあまりないままでした。

いつ災害が起こるかわからない中で，誰もが避難所で生活をする可能性があります。
避難所体験を行うことで，避難所での生活の不便さを体感し，災害時の様々な状況下
でどのように生活していくべきかを考えることができます。そうすることで，中学生
にできることをよりリアルに実感し，実行できるようになっていくのではないかと考
えました。

避難所体験の当日は，生徒たちが実際の避難所と同じような状況設定のなかで，避
難者として学校にやってきました。そのなかで，関係する各機関の専門家からの講義
を受け，実際に避難食を搬入し，HUG（避難所運営ゲーム）を通して，避難所経営
の難しさを感じることができました。その後，生徒たちは，避難者と同じように，体
育館のパーティションの中で夜を過ごしました。

子どもたちがリアルに避難所の生活を体験したことは，彼らの知識や経験となるだ
けではなく，新たな気付きや発信のきっかけとなりました。事後学習では，思考ツー
ルを用いて学んだことを整理し，その中から自分たちができること，やるべきことを
見つけ出したり，考えを深めたりすることができました。また，保護者と災害時の集
合場所を決めたり，避難時の持ち出し袋を作ったりすることを提案するなど，身近な
大人に発信・啓発する生徒も出てきました。今回の学習により身に付けた知識や経験

避難所体験でブルーシート敷き作業に取り組む生徒（2017年9月撮影）

を使ったり，中学生が持つ影響力を利用したりすることで，実際の行動に結びつけて，防災を行うことができたと感じています。

　様々な体験から学び，対話を通して深く考えることは，生きる力の育成につながると実感しました。「宇治学」を学ぶ生徒たちが，副読本を活用する中で主体的・対話的で深い学びの実現がなされ，いつ身に降りかかるかわからない大地震や水害などの災害を乗り越える力を身に付けてほしいと思っています。

出会いを引き寄せた「宇治学」副読本の作成

姫野友美子
（元宇治市教育委員会教
育支援センター指導主
事，現北小倉小学校教
頭）

現在の指導主事としての職に就くまで，中学校音楽の
教諭であった私は，京都市の自宅と学校を往復する毎日
でした。そのため宇治市に勤務してはいるものの，意外
と宇治のことを知りませんでした。そんな私が全学年分
の副読本作成業務を任されることとなり，まさに「『宇
治学副読本作成』にまつわる探究学習」がスタートした
のです。

この作成業務を進めるなかで，本当に数多くの「出会
い」がありました。これは，私にとって間違いなくかけ
がえのない財産です。

そのうちの一つが，「宇治の魅力との出会い」です。
7学年分それぞれテーマが異なり多岐にわたることから，
今までさほど興味関心がなかった分野についても勉強す
る機会が増え，宇治の魅力を数多く発見することができ
たことは，大変新鮮な学びでした。

二つ目が，お忙しい中大変なご苦労をいただいた編集委員の先生方をはじめ，副読
本作成によって生まれた「多くの人との出会い」です。校種や教科の違う多くの先生
方，各分野で活躍されている地域の皆さん，同じ市庁舎に居ながらお話する機会のな
かった他課の市職員さん等，この業務に携わらなければ出会うはずもない方との出会
いは，本当に大切な宝物です。

これらの「出会い」は，少しずつ私の日常生活にも変化をもたらしました。視野や
考え方が広がり，多面的に物事を見られるようになりました。いろいろなことを受け
入れられるようになり，ほんの少しだとは思いますが，自分の成長を実感しました。
また，「学び方を学ぶ」という手法で作成する「宇治学」の副読本は，作り手の思考
力や想像力を働かせることが必須となります。だからこそ大変ではありますが，クリ
エイティブでやりがいがあり，新しいことに挑戦する醍醐味を感じさせてくれました。

しかし，「思考力や想像力を働かせ，新しいことに挑戦する醍醐味」＝「一番苦労
したこと」でもありました。何より困ったことは，全国的にも例がない手法で作成す
るため，お手本やモデルがなかったことです。手探りの状態で，まさにゼロからのス
タートでした。とりわけ苦労したことが，「書きすぎてはいけない」ということです。
読み物資料ではなく，子どもたちが考えるためのヒントをどのように表記すればいい
のか（キャラクターにつぶやかせる？　ポイントとして側欄にテキストを貼る？

……）どこまでをどのように構成すればよいのか，悩みに悩みました。始めは失敗の連続で，何度も何度も書き直し，編集委員の皆さんにも大変な苦労をさせてしまいました。

　このような試行錯誤を繰り返した編集作業を重ねて作成した「宇治学」副読本ですが，何よりの売りは，「指導の手引き」と「ワークシート集」を同時に作成している点です。「指導の手引き」は，経験の浅い指導者でもどのように指導をすれば良いか，出来るだけ丁寧に記載しており，その発問例や児童生徒が主体的に学べるための手法は，教科横断的に活用することができます。「宇治学」の指導を通して，先生方の指導力の向上につながることを期待しています。これは，学習指導要領で示されている授業改善の視点である「主体的・対話的で深い学び」の具現化に他なりません。副読本を活用した「宇治学」の学習を通して児童生徒が力をつけるためには，先生方の指導力こそ向上していかなければなりません。私は「学びに向かう人間性」という言葉は，教師にこそ求められているのではないかと考えています。

　「宇治学」副読本を活用した学習により，子どもたちが自ら学ぶ楽しさを味わい，自己有用感を持ち，さらに学び続けてほしい。そして，将来「ふるさと宇治」の未来を担う一人として社会参画できるよう成長してほしい。そんな思いが，この「宇治学」副読本に詰まっています。

　私にとってさまざまな「出会い」を引き寄せてくれた「宇治学」副読本の作成。作成は終了しましたが，この本の役割はこれからです。どのように活用され，子どもたちがどのように変容していくのか，楽しみでなりません。

　私が出会った多くの人たちの苦労，努力，期待……が詰まった全国初の試みであるこの副読本が，「宇治の魅力」の一つになることを願ってやみません。

おわりに

　新学習指導要領では，総合的な学習の時間の目標は，二つの要素で構成されています。一つは，探究的な見方・考え方を働かせて，横断的・総合的な学習を行うことを通して，よりよく課題を解決し，自己の生き方を考えていくための資質・能力を育成するという，総合的な学習の時間の特質を踏まえた学習過程の在り方です。二つは，総合的な学習の時間において目指す資質・能力であり，他教科と同様に，「知識及び技能」「思考力，判断力，表現力等」「学びに向かう力，人間性等」を示しています。

　「宇治学」副読本は，まさにこの総合的な学習の時間の目標に真正面からアプローチしています。

　2000年度からスタートした総合的な学習の時間ですが，ゆとり教育の延長線上に位置付けられたり，基礎知識を軽視するため学力低下につながるとの批判もありました。

　本市においては，小中一貫教育の特色ある教育活動として2010年度から総合的な学習の時間を「宇治学」と称し，「探究的な見方・考え方を働かせ，地域社会の一員としての自覚を持って，『ふるさと宇治』をよく知り，諸課題に目を向け，主体的，創造的，協働的に取り組むことで，よりよく課題を解決し，自己の生き方を考えていくための資質や能力を育成することを目指す」ことを目標としています。

　具体的内容については，小中一貫教育のもと，中学校ブロックにおける系統性を重視する中で，地域性や児童生徒の実態を考慮しつつ計画・実践してきました。ところが，指導に関しては，教科書のない領域において，学校及び指導者の教材準備に依拠しており，児童生徒が「自ら課題を見付け，自ら学び，自ら考える……」には指導者側に相当のエネルギーが必要であり，大きな課題となっていました。小学校3年から中学校3年までを通しての一貫した指導や教材の開発が不十分なまま年を追い，すぐれた指導が見られても指導者の異動と

ともに実践も移動するといった例もあり，本市小中一貫教育の一つの目玉と言うには胸を張れない状況にあったと振り返ります。

　そのため，探究的な学習の切り口となる宇治市版の読本を提供することによって，そこから主体的な学習につなげることこそ，「宇治学」の充実・進化につながると考え，2014年度から京都文教大学と本市教育委員会の共同研究により進めてきた「宇治学」副読本作成事業は，全国的に先例がないこともあり，3年計画の編集作業に当初の予想以上の苦労・困難を極めながら，2017年度から学校現場で順次活用され，2019年4月の時点で7学年分が整うことになります。今ここに，関係各位に対し，改めて敬意を表する次第であります。

　「宇治市におけるひとづくり」を念頭に置いた「宇治学副読本」。外国語の早期化に代表されるように教育のグローバル化が叫ばれる中，一方では「社会に開かれた教育課程」に代表されるように地域住民の協力を得ながら児童生徒自身が地域社会の一員としてアイデンティティを確立していく，そんなグローバルに物事を考える視点を持ちその視点を活かして地域社会に貢献するグローカル人材を，宇治ならではの学びである「『宇治学』副読本」という仕掛けによって，長期的に育成していきたいと考えています。

宇治市教育委員会　教育支援センター　センター長　市橋　公也

引用・参考文献

（第1章）

文部科学省『地域学校協働活動の推進に向けたガイドライン』2017年。

文部科学省コミュニティ・スクールパンフレット『コミュニティ・スクール2018〜地域とともにある学校づくりを目指して〜』2018年。

文部科学省『地域学校協働活動　地域と学校でつくる学びの未来』2018年。

文部科学省『地域学校協働活動ハンドブック』2018年。

（第2章）

「小学校学習指導要領解説総合的な学習の時間編」文部科学省，平成20年8月。

「小学校学習指導要領解説総則編」文部省，平成11年5月。

「生活・総合的な学習の時間ワーキンググループにおける審議のとりまとめ（総合的な学習の時間）」平成28年8月26日（「中央教育審議会答申『幼稚園，小学校，中学校，高等学校及び特別支援学校の学習指導要領の改善及び必要な方策等について』」（別冊初等教育資料2月号臨時増刊）東洋館出版社，2017年。

（第3章）

〔第1節〕

「小学校学習指導要領解説総合的な学習の時間編」文部科学省，平成20年8月。

〔第2節〕

渋谷一典「新学習指導要領における総合的な学習の時間のポイント」『中等教育資料』66（11），22-25頁，2017年。

野口徹「中学校学習指導要領実施上の課題とその改善（総合的な学習の時間）」（特集　中学校学習指導要領実施上の課題とその改善（4）道徳，総合的な学習の時間，特別活動）63（9），22-27頁，2017年。

文部科学省中央教育審議会教育課程部会資料（平成30年10月1日）http://www.mext. go. jp/b_menu/shingi/chukyo/chukyo3/004/siryo/__icsFiles/afieldfile/2018/10/10/ 1409925_4.pdf

遠藤野ゆり「総合的な学習の時間において育成される力とその課題——課題発見・解決能力の育成に向けて」『法政大学教職課程年報』（15）3-8頁，2017年。

「総合学習　学力アップの鍵」『読売新聞』（2017年8月11日朝刊）11面。

〔第3節〕

宇治市教育委員会一貫教育課内「学校教育広報」編集委員会　2018　「宇治市の教育だ
　　より」第80号，宇治市教育委員会発行。

落合陽一『0才から100才まで学び続けなくてはならい時代を生きる人と育てる人のた
　　めの教科書』小学館，2018年。

佐藤昌宏『EdTech が変える教育の未来』インプレス，2018年。

バウマン，ジークムント『リキッド・モダニティ——液状化する社会』森田典正訳，大
　　月書店，2001年［2000］。

橋本祥夫・森正美他「官学連携による『宇治学』副読本作成と現場での活用に関する研
　　究1」『人間学研究』16号，2016年，15-37頁。

〔第4章〕
〔第1節第2項〕

池俊介『地理教育における地域調査の現状と課題』E-journal GEO 7（1），2012年，
　　35-42頁。

松岡路秀他著「巡検等の基礎的考察とワンポイント巡検の提唱」『巡検学習・フィール
　　ドワーク学習の理論と実践——地理教育におけるワンポイント巡検のすすめ』古今
　　書院，2012年，4-6頁。

井手秀成・山下宗利「フィールドワークが生徒に及ぼす影響　中学校社会科単元「身近
　　な地域を調べよう」を事例に」『佐賀大学文化教育学部研究論文集』，14（1），2009
　　年，237-260頁。

宮本静子『中学校社会科地理的分野の「身近な地域」に関する教員の意識』新地理　57
　　（3），2009年，1-13頁。

米津英郎「少子高齢・人口減少社会を生き抜く力を育む社会科・総合の課題と可能性
　　——10年間の授業実践を通じて」『日本社会科教育学会全国大会発表論文集』第10
　　号，2014年，156-159頁。

〔第5章〕
〔第1節〕

「小学校学習指導要領解説総合的な学習の時間編」文部科学省，平成20年8月。

「小学校学習指導要領（平成29年告示）解説総合的な学習の時間編」文部科学省，平成
　　29年7月。

「『宇治学』副読本第3学年指導の手引き」宇治市教育委員会。

〔第2節〕

「小学校学習指導要領（平成29年告示）解説総合的な学習の時間編」，（平成29年7月）
　　文部科学省。

「『宇治学』副読本第4学年指導の手引き」宇治市教育委員会。

〔第3節〕

「小学校学習指導要領（平成29年告示）解説総合的な学習の時間編」（平成29年7月）
　　文部科学省。

「『宇治学』副読本第5学年指導の手引き」宇治市教育委員会。

〔第4節〕

朝倉隆太郎『地域に学ぶ社会科教育』東洋館出版社，1989年，7-14頁。

〔第5節〕

山口敬太・川崎雅史「平安京周辺部の別業における地形的囲繞の空間的特性」『土木学
　　会論文集』64（4），2008年，598-607頁・

諏訪誠二『防災教育の不思議な力——子ども・学校・地域を変える』岩波書店，2015年。

初等中等教育局健康教育・食育課「生きる力を育む防災教育の展開」『中等教育資料』
　　67（3），学事出版，2018年，28-31頁。

文部科学省『学校安全参考資料　「生きる力」をはぐくむ学校での安全教育』（改訂版），
　　2010年。

〔第6節〕

文部科学省中央教育審議会答申「初等中等教育と高等教育との接続の改善について」平
　　成11年12月。

文部科学省中央教育審議会答申「今後の学校におけるキャリア教育・職業教育の在り方
　　について」平成23年1月。

国立教育政策研究所「児童生徒の職業観・勤労観を育む教育の推進について」平成14年
　　11月。

国立教育政策研究所「平成28年度職場体験・インターンシップ実施状況等調査」平成30
　　年1月。

文部科学省「中学校学習指導要領解説　総合的な学習の時間編」平成29年11月。

〔第7節〕

小山理子「ブライダルをテーマにしたPBL」溝上慎一・成田秀夫編『アクティブラーニ
　　ングとしてのPBLと探求的な学習』東信堂，2016年，106-119頁。

西條辰義編著『フューチャー・デザイン——七世代先を見据えた社会』勁草書房，2015
　　年。

トープ，L. ＆セージ，S.『PBL　学びの可能性をひらく授業づくり——日常生活の問題

から確かな学力を育成する』（伊藤通子，定村誠，吉田新一郎訳）北大路書房，2017年[2011]。

松下佳代『ディープ・アクティブラーニング』勁草書房，2015年。

美馬のゆり編著『未来を創る「プロジェクト学習」のデザイン』公立はこだて未来大学出版会，2018年。

森正美「地域連携と PBL 教育——大学教育の視点から取組と課題を考える」『PBL ハンドブック—— PBL 導入のための手引き』同志社大学 PBL 推進支援センター，2011年。

（第6章）

〔第1節〕

・宇治市立三室戸小学校 HP

・橋本祥夫編著『平成27（2015）年度　宇治学推進の歩み　京都文教大学・三室戸小学校共同研究1年次記録』2016。

〔第3節〕

宇治市政だより「備えよう災害に——ある中学校の防災活動から学ぶ」（2018年7月1日）。

鈴木広行（2016）「山崎製パンはなぜ，災害時の緊急食料支援に強いのか」ダイヤモンドオンライン https://diamond.jp/articles/-/90286（2019年1月28日最終閲覧）。

中央防災会議 防災対策実行会議（2018）「平成30年7月豪雨を踏まえた水害・土砂災害からの避難のあり方について」（報告）http://www.bousai.go.jp/fusuigai/suigai_dosyaworking/pdf/honbun.pdf（2019年1月28日最終閲覧）。

索　引

執筆者紹介

(＊は編者，執筆順)

＊橋本祥夫（はしもと・よしお）はじめに，序章，第1章，第4章第2節第2項，第3節第2項，第5章第6節，第6章第1節

　　編著者紹介欄参照

寺田博幸（てらだ・ひろゆき）第2章，第3章第1節，第4章第2節第1項，第5章第1～3節

　　立命館大学法学部卒業，佛教大学教育学部通信教育課程修了
　　現在，京都文教大学臨床心理学部教育福祉心理学科教授
　　「生活科・総合的な学習部会」「第25回授業実践フォーラム：新しい学習指導要領が目指すもの——各教科等における見方・考え方と授業実践」

澤　達大（さわ・たつひろ）第3章第2節，第4章第1節第2項，第5章第4・5節，第6章第2・3節

　　東京学芸大学教育学研究科社会科教育研究専攻修士課程修了
　　現在，京都文教大学総合社会学部総合社会学科准教授
　　『観光教育への招待』（編著，ミネルヴァ書房，2016）
　　『社会科教育のルネサンス——実践知を求めて』（共著，教育情報出版，2018）　ほか

鵜飼正樹（うかい・まさき）第4章第1節第1項

　　京都大学大学院文学研究科博士課程学修認定退学
　　現在，京都文教大学総合社会学部総合社会学科教授
　　『大衆演劇への旅』（未来社，1994）
　　『見世物稼業　安田里美一代記』（新宿書房，2000）

森　正美（もり・まさみ）第3章第3節，第4章第3節第1項，第5章第7節

　　筑波大学大学院歴史人類学研究科博士課程単位取得満期退学
　　現在，京都文教大学副学長，地域協働研究教育センター長，総合社会学部総合社会学科教授
　　『人をつなげる観光戦略』（共著，ナカニシヤ出版，2019）
　　『よくわかる文化人類学第2版』（共著，ミネルヴァ書房，2010）

《編著者紹介》

橋本祥夫（はしもと・よしお）

京都教育大学大学院教育学研究科修士課程修了。
現　在　京都文教大学臨床心理学部教育福祉心理学科准教授。
主　著　『初等社会科教育』（共著，ミネルヴァ書房，2018）
　　　　『教師になる前にしておきたい！学校生活がわかる！教師実用マニュアル』（共著，小学館，2015）
　　　　『授業と学習のユニバーサルデザイン』（共著，明治図書，2014）
　　　　『はじめて学ぶ　学校教育と新聞活用——考え方から実践方法までの基礎知識』（共著，ミネルヴァ書房，2013）
　　　　『小学校社会科　学習課題の提案と授業設計——習得・活用・探究型授業の展開』（共著，明治図書，2009）

京都文教大学地域協働研究シリーズ①

京都・宇治発 地域協働の総合的な学習
——「宇治学」副読本による教育実践——

2020年1月10日　初版第1刷発行　　　　　　　　〈検印省略〉

定価はカバーに
表示しています

編 著 者　　橋　本　祥　夫
発 行 者　　杉　田　啓　三
印 刷 者　　中　村　勝　弘

発行所　株式会社　ミネルヴァ書房
607-8494　京都市山科区日ノ岡堤谷町1
電話代表　（075）581-5191
振替口座　01020-0-8076

© 橋本祥夫, 2020　　　　　　　中村印刷・清水製本

ISBN978-4-623-08759-4
Printed in Japan

多様な私たちがともに暮らす地域
──障がい者・高齢者・子ども・大学──

松田美枝 編著
A 5 判／ 248 頁／本体 2400 円

京都から考える 都市文化政策とまちづくり
──伝統と革新の共存──

山田浩之・赤﨑盛久 編著
A 5 判／ 288 頁／本体 3800 円

フィールドから読み解く観光文化学
──「体験」を「研究」にする16章──

西川克之・岡本亮輔・奈良雅史 編著
A 5 判／ 348 頁／本体 2800 円

キャンパスライフ サポートブック
──こころ・からだ・くらし──

香月菜々子・古田雅明 著
A 5 判／ 216 頁／本体 2000 円

ボランティア・市民活動実践論

岡本榮一 監修
ボランティアセンター支援機構おおさか 編
A 5 判／ 284 頁／本体 2400 円

ソーシャルアクション！あなたが社会を変えよう！
──はじめの一歩を踏み出すための入門書──

木下大生・鴻巣麻里香 編著
A 5 判／ 248 頁／本体 2400 円

──────── ミネルヴァ書房 ────────
http://www.minervashobo.co.jp/